DISLEXIA

Dados Internacionais de Catalogação na Publicação (CIP)
(Câmara Brasileira do Livro, SP, Brasil)

Barbera, Filippo
　　Dislexia : o que fazer e o que evitar : guia rápido para professores do ensino fundamental anos iniciais / Filippo Barbera ; tradução de Moisés Sbardelotto. – Petrópolis, RJ : Vozes, 2024.
(Coleção O que fazer e o que evitar)
　　Título original: Dislessia: cosa fare (e non)

　　1ª reimpressão, 2025.

　　ISBN 978-85-326-6846-2

　　1. Dislexia 2. Educação 3. Professores – Formação profissional 4. Transtornos de aprendizagem I. Título.

24-207063　　　　　　　　　　　　　　　　　　　　　CDD-371.9144

Índices para catálogo sistemático:
1. Dislexia : Educação　371.9144

Eliane de Freitas Leite – Bibliotecária – CRB-8/8415

Filippo Barbera

DISLEXIA

O QUE FAZER (E O QUE) EVITAR

guia **RÁPIDO**
para professores do
ENSINO FUNDAMENTAL
○ ANOS INICIAIS ○

Tradução de Moisés Sbardelotto

Petrópolis

© 2023, by Edizioni Centro Studi Erickson S.p.A., Trento (Itália)
www.erickson.it
www.erickson.international

Tradução do original em italiano intitulado *Dislessia – Cosa fare (e non) – Scuola primaria – guida rapida per insegnanti*

Direitos de publicação em língua portuguesa – Brasil:
2024, Editora Vozes Ltda.
Rua Frei Luís, 100
25689-900 Petrópolis, RJ
www.vozes.com.br
Brasil

Todos os direitos reservados. Nenhuma parte desta obra poderá ser reproduzida ou transmitida por qualquer forma e/ou quaisquer meios (eletrônico ou mecânico, incluindo fotocópia e gravação) ou arquivada em qualquer sistema ou banco de dados sem permissão escrita da editora.

CONSELHO EDITORIAL

Diretor
Volney J. Berkenbrock

Editores
Aline dos Santos Carneiro
Edrian Josué Pasini
Marilac Loraine Oleniki
Welder Lancieri Marchini

Conselheiros
Elói Dionísio Piva
Francisco Morás
Teobaldo Heidemann
Thiago Alexandre Hayakawa

Secretário executivo
Leonardo A.R.T. dos Santos

PRODUÇÃO EDITORIAL

Aline L.R. de Barros
Anna Catharina Miranda
Eric Parrot
Jailson Scota
Marcelo Telles
Mirela de Oliveira
Natália França
Priscilla A. F. Alves
Rafael de Oliveira
Samuel Rezende
Verônica M. Guedes

Editoração: Natalia Machado
Diagramação: Littera Comunicação e Design
Ilustrações: Carciofo Contento
Revisão gráfica: Nilton Braz da Rocha
Capa: Edizioni Centro Studi Erickson S.p.A
Arte-finalização: Érico Lebedenco
Ilustração de capa: Carciofo Contento

ISBN 978-85-326-6846-2 (Brasil)
ISBN 978-88-590-3333-2 (Itália)

Este livro foi composto e impresso pela Editora Vozes Ltda.

SUMÁRIO

Apresentação, 7

Introdução, 9

CAPÍTULO 1 Lê devagar, 28

CAPÍTULO 2 Não acompanha o ritmo da turma, 34

CAPÍTULO 3 Não automatiza os aprendizados, 40

CAPÍTULO 4 Vê as letras se mexendo, 48

CAPÍTULO 5 Não reconhece caracteres diferentes, 54

CAPÍTULO 6 Tem dificuldade de elaborar os sons, 60

CAPÍTULO 7 Não entende o que lê, 66

CAPÍTULO 8 Não consegue copiar da lousa, 72

CAPÍTULO 9 Não encontra as palavras, 78

CAPÍTULO 10 Esquece as coisas, 84

CAPÍTULO 11 Não sabe administrar o tempo, 90

CAPÍTULO 12 É desorganizado, 96

CAPÍTULO 13 Diz que a escola é uma chatice, 104

CAPÍTULO 14 Desiste logo no início, 108

Bibliografia selecionada, 113

APRESENTAÇÃO

Caros professores e professoras,

Há quase 15 anos tenho lidado com Transtornos Específicos de Aprendizagem (TEAs) por meio de encontros de sensibilização e formação para professores e professoras de todos os níveis.

Esse compromisso é sustentado por uma atividade constante de pesquisa e, não menos importante, pela minha experiência cotidiana como professor do Ensino Fundamental. O interesse por essa área nasce da minha experiência direta como aluno com TEA. Recebi um diagnóstico precoce, encontrei professores e professoras sensíveis e fui apoiado por uma família atenta. Esses três elementos fizeram a diferença no meu caminho de formação. Por sua vez, meu percurso formativo me levou a testemunhar que aprender com mais dificuldade não significa não ser capaz de aprender.

Identificar as dificuldades de uma criança é simples, assim como é fácil concluir que "ela precisa de uma intervenção dirigida" ou prever tempos de aprendizagem mais longos do que os de seus colegas. O difícil é tentar dar uma resposta às necessidades do aluno ou da aluna, sem perder de vista o caminho de aprendizagem, os objetivos pedagógicos e a inclusão.

O verdadeiro desafio, portanto, está em concretizar uma ação didática que permita consolidar gradualmente as capacidades e superar as dificuldades do aluno. É uma tarefa que requer de professores e professoras um grande trabalho de planejamento, de pesquisa e de observação contínua. Este livro reúne uma série de indicações, instrumentos e estratégias que podem servir de ajuda para o professor promover uma aprendizagem consciente e valorizar o aluno. Valorizar significa evidenciar algo, dar-lhe o destaque certo; trata-se de facetas que fazem parte do ato de ensinar.

Professores e professoras deveriam trabalhar para desenvolver ao máximo as capacidades de cada aluno e torná-lo autônomo, mas para alcançar esse objetivo é necessário que o estudante adquira, além dos conhecimentos, também as habilidades e as competências que lhe permita aprender a aprender da forma mais eficiente e eficaz possível para si mesmo.

A minha esperança é de que professoras e professores possam encontrar neste texto o incentivo certo para inserir em sua própria didática algumas medidas capazes de fazer a diferença no percurso formativo dos alunos e das alunas com dislexia.

A dislexia não é uma porta fechada, mas sim com fechadura dupla. Para abri-la é preciso encontrar a chave certa.

INTRODUÇÃO

A dislexia, o mais conhecido dos Transtornos Específicos de Aprendizagem, dificulta o processo de interpretação dos sinais gráficos com que as palavras são representadas por escrito, em um indivíduo dotado de uma inteligência dentro da média, sem problemas físicos e psicológicos, que teve oportunidades de aprendizagem adequadas.

A dislexia é caracterizada por um déficit na velocidade e na correção da leitura. O que fica comprometido é a capacidade de automatizar a correspondência entre sinais e sons, e não a de compreender.

A velocidade de leitura, expressada em sílabas por segundo, é um índice para avaliar o nível alcançado por um estudante em relação aos valores esperados para sua idade. As velocidades esperadas ao término de cada ano inicial do Ensino Fundamental são:

- fim do 1º ano: 1,4 síl./seg.
- fim do 2º ano: 2,48 síl./seg.
- fim do 3º ano: 3,35 síl./seg.
- fim do 4º e 5º anos: 3,69 síl./seg.

Quanto mais a velocidade de um estudante se desviar das relatadas, mais grave será sua dificuldade. É no fim do 2º ano que as crianças normalmente conseguem adquirir uma velocidade de decodificação suficiente para iniciar o estudo autônomo (2,5 síl./seg.). Nos casos de gravidade média-leve, o ritmo de crescimento natural da rapidez de leitura nas crianças italianas com dislexia é de cerca de um quarto de sílaba por segundo (entre 0,25 e 0,3 síl./seg.) no período de um ano. Nos casos mais graves, o aumento é de 0,15 síl./seg.

Quanto à correção, os erros podem ser de tipo fonológico (derivados do não respeito à relação fonema-grafema), ortográfico ou fonético.

Tipologia de erros na dislexia

Erros	Tipologia	Exemplos
Fonológicos São os mais graves; há o não respeito pela relação fonema-grafema	Substituição de letras fonologicamente semelhantes (f/v, p/b, t/d, r/l)	"faso" em vez de "vaso" "poca" em vez de "boca"
	Omissão e/ou acréscimo de letras ou sílabas	"migo" em vez de "amigo" "escoula" em vez de "escola"
	Inversões	"áuga" em vez de "água" "cadreno" em vez de "caderno"
	Grafemas inexatos (o/u, e/i, s/ss/c/ç/x, s/z/x)	"cassa" em vez de "caixa" "iscola" em vez de "escola"
Ortográficos (não fonológicos) Envolvem a representação ortográfica da palavra, sem comprometimento da relação entre fonema e grafema	Separações incorretas	"a trás" em vez de "atrás"
	Fusões incorretas	"derepente" em vez de "de repente"
	Troca de grafema homófono não homógrafo	"chícara" em vez de "xícara" "ceção" em vez de "seção"
	Omissão e acréscimo de "h"	"ora" em vez de "hora"

| **Fonéticos**
Indicam dificuldade na percepção da duração ou da intensidade do som | Omissão/acréscimo de acentos | "musica" em vez de "música" |
| | Omissão/acréscimo de encontros consonantais | "tiste" em vez de "triste"
"larranja" em vez de "laranja" |

Inúmeros estudos constataram que, ao longo do tempo, a velocidade de leitura das crianças com dislexia melhora, mas fica atrás da de seus pares. A correção, por sua vez, se aproxima do desempenho dos colegas.

Levando em conta parâmetros de rapidez e correção, podemos identificar três perfis diferentes de dislexia:

1. *lentidão e boa correção*: é o perfil mais frequente, pois a característica da estrutura ortográfica da língua italiana [assim como da língua portuguesa] permite recuperar fonologicamente aquilo que não é possível recordar diretamente;

2. *rapidez adequada e pouca correção*: é o perfil que inclui aquelas pessoas que leem rápido, mas que não prestam atenção na precisão. São crianças que cometem principalmente erros de tipo semântico, ou seja, de antecipação tanto na leitura de palavras quanto de trechos;

3. *perfil misto*: é caracterizado tanto pela lentidão quanto pela baixa precisão. As crianças que se enquadram nesse perfil não conseguem encontrar um equilíbrio e uma compensação entre os dois componentes da leitura.

A criança com dislexia pode ler e escrever, mas o faz de modo não automático, empregando ao máximo suas capacidades e energias. Por isso, ela se cansa rapidamente, fica para trás e comete muitos erros. Muitos desses alunos e alunas, postos diante de um texto, apresentam uma leitura forçada, fragmentada em sílabas ou em palavras, o olhar não precede a articulação, mas permanece ligado à sílaba ou à palavra que estão prestes a articular. A fala é lenta, hesitante, as palavras não são agrupadas, a pontuação não é respeitada: o tom é monótono, inexpressivo. Mas, na dislexia, além da leitura e da escrita, podem ficar comprometidos inúmeros aspectos que podem ter um impacto significativo tanto na vida escolar quanto no cotidiano.

Dislexia e aspectos envolvidos

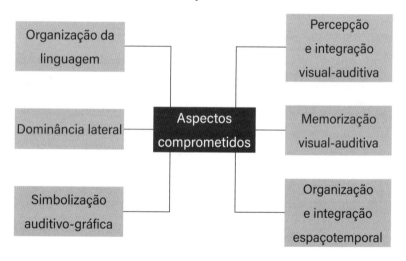

A dislexia está frequentemente associada a outros Transtornos Específicos da Aprendizagem, como a *disgrafia* (dificuldade de reproduzir grafemas de forma legível e fluente), a *disortografia* (dificuldade de traduzir os sons em forma gráfica, de transformar a linguagem falada em linguagem escrita), a *discalculia* (dificuldade de realizar cálculos aritméticos na mente ou no papel) e a *dispraxia* (dificuldade de coordenação e de movimento). A coexistência de múltiplos TEAs no mesmo indivíduo é definida como *comorbidade*.

Durante o percurso escolar muitas crianças e jovens podem encontrar dificuldades nas habilidades instrumentais (leitura, escrita e cálculo). Tais dificuldades podem se manifestar com diferentes graus de gravidade e causar repercussões importantes no nível motivacional. O desconforto psicológico daí decorrente, a sensação de baixa autoestima, as reações de mascaramento e as estratégias de adaptação implementadas são muitas vezes interpretadas como falta de compromisso, preguiça ou apatia. Um professor ou professora deve saber bem a diferença entre uma condição de dificuldade de aprendizagem, que se refere a uma dificuldade genérica qualquer encontrada pelo estudante no âmbito escolar, e uma condição de Transtorno Específico de Aprendizagem, que pressupõe a presença de um déficit mais grave e específico, que deve ser investigado e verificado mediante um procedimento clínico de diagnóstico. Conhecer essa distinção é importante, pois, dada a resistência do transtorno à intervenção, torna-se fundamental apoiar a criança no nível motivacional.

Como distinguir entre dificuldade e transtorno de aprendizagem

Dificuldade	Transtorno
Não inata	Inato
Modificável com intervenções dirigidas	Resistente à intervenção
Automatizável, mesmo em tempos expandidos	Resistente à automatização

Os dois principais manuais de diagnóstico que ajudam a definir os TEAs são a CID-10 – Classificação Internacional de Doenças[1] e o DSM-5[2]. Fazer referência a critérios compartilhados internacionalmente é útil para conseguir encontrar uma linguagem comum e para estudar melhor o fenômeno. No DSM-5, os TEAs são enquadrados em nível dimensional como transtornos da leitura, da expressão escrita e da matemática. Na CID-10 eles estão inseridos nos transtornos do desenvolvimento psicológico sob o nome de *transtornos específicos das habilidades escolares* (transtornos específicos de leitura, da soletração, da habilidade em aritmética e transtorno misto).

Correspondência entre as classificações DSM-5 e CID-10

DSM-5	CID-10
315.00 Transtorno específico da aprendizagem com prejuízo na leitura	F81.0 Transtorno específico de leitura
315.1 Transtorno específico da aprendizagem com prejuízo na matemática	F81.2 Transtorno específico da habilidade em aritmética
315.2 Transtorno específico da aprendizagem com prejuízo na expressão escrita	F81.1 Transtorno específico da soletração

---

1. OMS (2007). https://apps.who.int/iris/bitstream/handle/10665/246208/97888 94307610-V1-ita.pdf?sequence=108&isAllowed=y (último acesso em: 12 dez. 2023).
2. APA (2013). *DSM-5: Diagnostic and statistical manual of mental disorders* (5th ed.). American Psychiatric Publishing. Em português: *Manual diagnóstico e estatístico de transtornos mentais: DSM-5* (2014). Tradução: Maria Inês Corrêa Nascimento... et al. Artmed.

A pesquisa sobre as bases neurobiológicas da dislexia não encontrou uma causa unívoca (provavelmente porque não existe). No entanto, há um acordo sobre a origem genético-constitucional predominante que determina anomalias pequenas, mas significativas, nas sedes cerebrais envolvidas na organização das funções linguístico-cognitivas da leitura. Os estudos sobre a etiologia desse transtorno mostram que a causa mais frequente é a hereditariedade, ou seja, a presença da dificuldade de leitura em alguns membros da família, em particular em um dos dois genitores (em cerca de 65% dos casos de dislexia evolutiva há registros de hereditariedade para o mesmo transtorno). Trata-se, portanto, de um caráter hereditário que deve ser considerado não como uma patologia, mas sim como uma variante individual de desenvolvimento que determina no sujeito condições que dificultam a aquisição e o desenvolvimento de algumas habilidades.

Quais são os processos envolvidos na leitura?

A aprendizagem da capacidade técnica de leitura (decodificação) é o resultado de alguns processos parcialmente independentes e hierarquicamente conectados. Conhecer esses processos ajuda a identificar melhor as dificuldades e a intervir com atividades específicas. Muitas vezes, a falta de conhecimento desses aspectos leva a propor exercícios que retardam ou não ajudam no desenvolvimento da decodificação.

Análise do processo de leitura/decodificação[3]

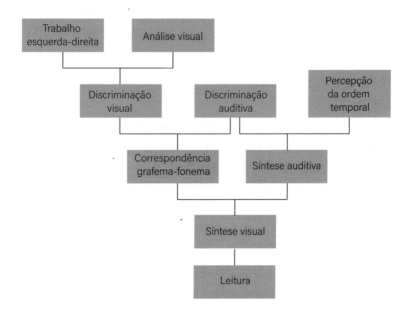

Na base estão a análise visual e o trabalho esquerda-direita, que contribuem para definir a discriminação visual, com a qual a criança consegue analisar o sinal gráfico e distinguir um grafema do outro. A aquisição das habilidades visuais envolve a capacidade de reconhecer e de traçar sinais gráficos elementares (elementos constitutivos de uma letra), enquanto o trabalho esquerda-direita envolve a aquisição e a estabilização da preferência manual e a coordenação olho-mão na direção certa. Na decodificação, junto com a discriminação visual, estão envolvidas a discriminação auditiva, ou seja, a capacidade de distinguir os fonemas, e a percepção da ordem temporal, ou seja, a preservação da ordem correta de apresentação das letras. A chamada me-

---

[3] Struiksma, A. J. C. (1979). Learning to read: A task analysis and subsequent training. In R. M. Knights, & D. J. Bakker (eds.), *Treatment of hyperactive and learning disordered children*. University Park Press.

mória fonológica de curto prazo desempenha um papel importante na percepção da ordem temporal. As duas competências de percepção da ordem temporal e de discriminação auditiva também contribuem para definir uma habilidade superordenada, chamada de síntese auditiva, mediante a qual a criança realiza uma fusão de sons na ordem correta para reconstruir uma palavra. A habilidade de discriminar sons, por sua vez, contribui, juntamente com a habilidade de discriminar sinais gráficos, para a definição da correspondência grafema-fonema. As duas habilidades convergem na síntese visual, último passo da leitura de uma palavra.

Na aquisição da lectoescrita, a consciência fonológica (ou metafonológica), ou seja, a capacidade de perceber e reconhecer por via auditiva os fonemas que compõem as palavras da linguagem falada, realizando transformações adequadas com eles, desempenha um papel decisivo. Sua importância deriva do fato de que é sobre essa competência que as crianças constroem a passagem da linguagem falada para a linguagem escrita.

Por volta dos 4 anos de idade, as crianças começam a perceber espontaneamente que as palavras são formadas por "pedaços", as sílabas. Posteriormente, descobrem que a palavra pode ser dividida em "pedaços" ainda menores, os fonemas. O desenvolvimento dessa competência ocorre de forma sequencial e hierárquica.

Desenvolvimento da competência fonológica

1	Identificação de palavras individuais em uma frase	Palavra
2	Identificação de partes da palavra	Sílaba
3	Reconhecimento de sons iniciais e finais da palavra	Sílaba
4	Reconhecimento do som final da palavra	Fonema
5	Reconhecimento de todos os fonemas individuais na palavra	Fonema

Como se lê?

Existem diversos modelos que analisam o processo de leitura, por meio dos quais a dislexia é estudada e definida. Um dos mais conhecidos é o modelo de duas vias de Harris e Coltheart, segundo o qual o processo de leitura ocorre por meio de dois caminhos distintos de elaboração da informação: a "via fonológica", que funciona mediante a transformação de cada sinal gráfico no som a ele correspondente; e a "via direta", que leva ao reconhecimento imediato da palavra escrita com base em seu aspecto visual. A primeira via permite a leitura de palavras regulares, novas, raras ou inexistentes, enquanto a segunda preside a leitura de palavras irregulares conhecidas, com ambiguidade na tônica, a compreensão do significado e a escrita daquelas palavras que têm o mesmo som, mas são escritas de forma diferente (homófonas, mas não homógrafas).

Modelo de Harris e Coltheart

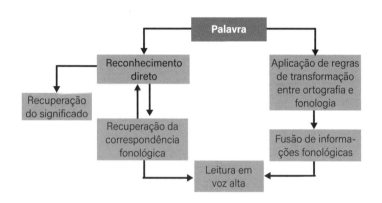

Vejamos um exemplo:

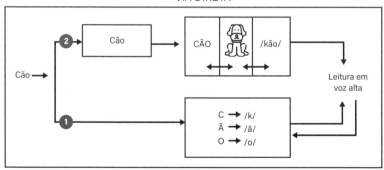

Em alguns distúrbios de leitura estaria comprometido o correto funcionamento da via fonológica, a *dislexia fonológica*; em outros, o da via direta, a *dislexia superficial*.

Onde se encontra o aluno?

O modelo de Uta Frith[4] pode ser útil para entender em que fase se encontram os alunos e as alunas, pois descreve a evolução das competências de leitura e escrita. Segundo esse modelo, a aprendizagem dessas duas habilidades passa por quatro etapas, cada uma caracterizada pela aquisição de novos procedimentos e pela automatização das competências já adquiridas.

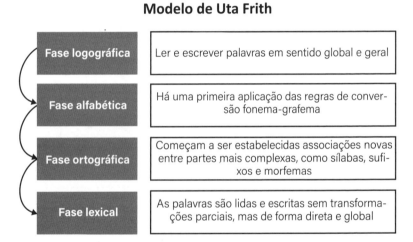

Modelo de Uta Frith

Fase logográfica	Ler e escrever palavras em sentido global e geral
Fase alfabética	Há uma primeira aplicação das regras de conversão fonema-grafema
Fase ortográfica	Começam a ser estabelecidas associações novas entre partes mais complexas, como sílabas, sufixos e morfemas
Fase lexical	As palavras são lidas e escritas sem transformações parciais, mas de forma direta e global

Na fase logográfica, a criança não possui cognições relativas às relações de conversão fonema-grafema e reconhece as palavras de forma global, com base em elementos que aprendeu a distinguir. Com a entrada na fase alfabética, a criança desenvolve a habilidade de conversão grafema-fonema. Graças à exposição constante da criança à leitura e à escrita, ela se torna cada vez mais hábil em reconhecer rapidamente grupos discretos de gra-

---

4 Frith, U. (1985). Beneath the surface of developmental dyslexia. In K. Patterson, J. Marshall, & M. Coltheart (eds.), *Surface dyslexia: Neurological and cognitive studies of phonological reading* (p. 301-330). Lawrence Erlbaum.

femas, não mais os acessando por meio das regras de conversão fonema-grafema, mas recuperando diretamente sua forma fonológica, chegando à fase ortográfica. Na fase lexical, ela abandona a estratégia de conversão fonema-grafema para as palavras conhecidas, em favor da recuperação direta de sua forma fonológica. É no fim dessa fase que as instrumentalidades podem ser chamadas de automáticas.

As etapas são ativadas sucessivamente, tanto na leitura quanto na escrita, mas não de modo simultâneo. A fase alfabética desenvolve-se primeiro na escrita e depois na leitura, enquanto a ortográfica é antecipada na leitura e segue na escrita.

Vejamos em detalhes.

Fases	Habilidades cognitivas	Exemplos
Logográfica	• Discriminação e memória visual • Memória associativa	Nutella® A palavra é tratada como um desenho
Alfabética	• Controle oculomotor • Associação entre grafemas e correspondências fonológicas • Fusão fonêmica	L O B O /l/ /o/ /b/ /u/ A palavra é analisada letra por letra
Ortográfica	• Associações ortográfico-morfológicas	/QU/ /E/ /l/ /J/ /O/ /k/ /e/ /i/ /j/ /u/ A palavra é analisada por unidades ortográficas
Lexical	• Recuperação direta da forma fonológica	Acento Assento

As crianças que se aproximam da aprendizagem da lectoescrita são muito diferentes umas das outras em termos de conhecimentos prévios e de *background* cultural. A aprendizagem da linguagem escrita é significativamente influenciada não apenas pelos aspectos ambientais, mas também pelas habilidades básicas próprias da criança (cognitivas, linguísticas, de memória etc.) e pela metodologia de ensino adotada. A identificação precoce das crianças com dificuldade pode ser um instrumento precioso para detectar as diversas problemáticas presentes em sala de aula e estabelecer métodos de ensino-aprendizagem mais adequados àquelas crianças que aprendem com esforço. Para isso, nos anos iniciais do Ensino Fundamental, é aconselhável realizar uma triagem dos indicadores de risco da dislexia. A escola tem a tarefa de ativar sistemas de detecção precoce, que não são diagnósticos. Os professores e as professoras aplicam testes, acordados com especialistas locais, no último ano da Educação Infantil, e no primeiro e segundo anos do Ensino Fundamental. Diante de um caso suspeito de TEA, a escola deve *ativar formas voltadas a uma recuperação didática dirigida*; somente se essas dificuldades persistirem é que será necessário aconselhar a família a *consultar um especialista*, a fim de iniciar o processo de diagnóstico.

O Plano de Ensino Individualizado

O Plano de Ensino Individualizado (PEI) é um documento que contém a lista dos instrumentos compensatórios e dispensatórios adotados nas diversas disciplinas escolares, assim como as modalidades de verificação e de avaliação às quais professores e professoras devem se ater. É importante que as indicações sejam realistas, coerentes, verificáveis e significativas (poucas coisas, mas boas!).

A elaboração do PEI é um ato obrigatório para os alunos e as alunas com diagnóstico de TEA. Ele é elaborado *no início de cada ano letivo*, nos primeiros dois meses para os estudantes já indicados pela equipe docente.

O processo a ser seguido para redigir esse documento prevê:

1. depósito do diagnóstico na secretaria, protocolo e arquivamento na pasta pessoal do aluno ou da aluna;
2. aquisição do diagnóstico pelos docentes e encontro entre a família e a pessoa referencial sobre os TEAs (ou o diretor da escola) para coletar informações e levantar hipóteses sobre as soluções mais funcionais para o caso específico;
3. elaboração do documento e assinatura da família, que ficará com uma cópia dele.

O PEI deve conter pelo menos os seguintes pontos:

1. dados pessoais do aluno ou da aluna;
2. tipologia do transtorno;
3. atividades didáticas individualizadas;
4. atividades didáticas personalizadas;
5. instrumentos compensatórios utilizados;
6. medidas dispensatórias adotadas;
7. formas de verificação e de avaliação personalizadas.

O PEI passa a ser o documento de referência para os anos seguintes. No entanto, é possível fazer modificações durante o processo, caso sejam necessárias. Ele deve ser continuamente verificado e monitorado.

É bom lembrar que o diagnóstico de TEA se enquadra nos dados sensíveis, de acordo com a legislação sobre a privacidade, e, portanto, sem a autorização da família, essa condição *não pode ser divulgada*, a menos que o próprio aluno ou aluna o faça. É importante informar todos os docentes do Conselho de Classe sobre a situação, para que se comportem de forma adequada, respeitando a obrigação da confidencialidade e da privacidade.

Conclusão

A trajetória de um estudante com dislexia é caracterizada por desafios contínuos e por um desempenho flutuante. Quando estamos convencidos de que alcançamos um determinado objetivo, é possível presenciar um desempenho deficiente. Em vez de focar as dificuldades, é importante reconhecer e promover os pontos fortes individuais e criar oportunidades de colaboração com os colegas. Em geral, como professores e professoras, é fundamental "não desanimar" e propor intervenções que respeitem os ritmos de aprendizagem e as capacidades dos alunos e das alunas. A didática deve ser flexível, com atividades graduais e personalizadas. Entre os elementos-chave, certamente está a relação entre professor e aluno: a empatia, a confiança e a compreensão mútuas podem apoiar a aprendizagem do aluno e levá-lo, ao longo do tempo, a obter resultados importantes. O envolvimento da família permite criar uma rede de apoio mais ampla, na qual se partilham estratégias e se trabalha junto para o sucesso formativo do aluno ou da aluna.

A estrutura do livro

O livro está subdividido em 14 capítulos, e cada um apresenta situações problemáticas ou dificuldades específicas que surgem na sala de aula com crianças com dislexia:

1. Lê devagar
2. Não acompanha o ritmo da turma
3. Não automatiza os aprendizados
4. Vê as letras se mexendo
5. Não reconhece caracteres diferentes
6. Tem dificuldade de elaborar os sons
7. Não entende o que lê
8. Não consegue copiar da lousa
9. Não encontra as palavras
10. Esquece as coisas
11. Não sabe administrar o tempo
12. É desorganizado
13. Diz que a escola é uma chatice
14. Desiste logo no início

No livro, são analisadas as necessidades e as dificuldades encontradas nos alunos e nas alunas da faixa etária dos anos iniciais do Ensino Fundamental, mas que também podem ser observadas, com as devidas adaptações, nos anos finais.

O motivo do comportamento é explicado no início do capítulo com poucas frases curtas (*Por que faz assim?*), seguidas de indicações simples e claras para o professor e a professora sobre as atitudes e as estratégias a serem adotadas (*O que fazer*) e evitadas (*O que não fazer*). Posteriormente, fornecem-se mais informações e aprofundamentos para contextualizar a situação ou a dificuldade apresentada (*O que ter em mente*) e instrumentos e estratégias sobre como intervir em relação a alguns aspectos cruciais (*Algumas ideias sobre como intervir*). Na conclusão de cada capítulo são apresentados *Os conselhos do especialista*, com sugestões práticas a serem implementadas imediatamente.

ANOTAÇÕES

CAPÍTULO 1 LÊ

devagar

POR QUE FAZ ASSIM?

Porque a leitura muito lenta e complicada, em comparação com seus coetâneos, é uma característica típica das crianças com dislexia.

Porque a criança lê fazendo uma decodificação letra por letra ou com pausas frequentes, principalmente no caso de palavras longas e pouco conhecidas.

O QUE FAZER

✓ Estimular a criatividade e o prazer pela leitura por meio de leituras animadas, atividades na biblioteca, criação de pequenos livros etc.

✓ Propor exercícios dirigidos e ajustados com base no perfil detectado.

✓ Se a criança manifestar o desejo de ler, permitir que ela o faça, valorizando o empenho e prestando atenção para que os colegas não zombem dela.

O QUE NÃO FAZER

✗ NÃO forçar a criança a ler um texto em voz alta na frente dos colegas: suas dificuldades podem induzir resistências psicológicas e causar um bloqueio emocional.

✗ NÃO propor um livro de exercícios do ensino básico e não recorrer logo à síntese vocal sem considerar o nível de leitura.

O que ter em mente

Estudos científicos revelaram que a velocidade de leitura de trechos de texto, em condições normais, melhora em cerca de 0,5 síl./seg. por ano. Nas crianças com dislexia não tratada, ela melhora em cerca de 0,3 síl./seg. Com base nesses dados, um aluno ou uma aluna com dislexia não tratada alcança um nível de decodificação suficiente para um estudo autônomo por volta do 6º ou 7º ano do Ensino Fundamental. A intervenção oportuna é fundamental, com exercícios dirigidos e ajustados ao nível de desempenho alcançado. Se considerarmos o parâmetro da velocidade, podemos definir cinco níveis.

1. *Velocidade inferior a 0,5 síl./seg.* É extremamente rara nas crianças no fim do 2º ano, uma vez que, nesse nível, praticamente não há decodificação. Observa-se a leitura – com ou sem fusão – de letras individuais. São necessários aprofundamentos sobre o estado dos pré-requisitos e sobre o perfil cognitivo.
2. *Velocidade entre 0,5 e 1 síl./seg.* A leitura é difícil e ocorre "letra por letra", com posterior fusão em sílabas e, depois, pronúncia da palavra final. Além da lentidão, podem ocorrer diversos tipos de erros.
3. *Velocidade entre 1 e 1,5 síl./seg.* Tendencialmente, encontram-se perfis caracterizados por erros fonológicos (substituição de letras ou de sílabas) e visuais (troca de letras ou de sílabas, salto de linhas), principalmente no caso de palavras longas ou

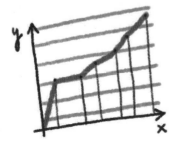

não conhecidas. É oportuno propor um trabalho baseado na estabilização da leitura sublexical. São muito úteis os exercícios sobre a apresentação de sílabas e a representação da estrutura silábica das palavras, nos quais se reflete sobre a ordem e o tipo de sílabas que compõem a palavra.

4. *Velocidade entre 1,5 e 2 síl./seg.* Nesse nível, deve-se realizar um trabalho dirigido para se chegar à leitura direta de palavras inteiras.

5. *Velocidade superior a 2 síl./seg.* Nesse ponto, a criança lê por meio da via direta (lexical). O fato de a decodificação ser suficientemente automática, no entanto, não significa que as dificuldades estejam superadas ou que ela não tenha dificuldades para atender às solicitações da escola. **!**

Algumas ideias sobre como intervir

- Incentivem, estimulem e provoquem a curiosidade da criança, tentando despertar suas paixões; estimulem o prazer da leitura, a partir da escuta ou do objeto-livro. Inicialmente, o livro pode ser simplesmente tocado, olhado e folheado; posteriormente, pode ser considerado um "objeto para ler", de modo que – graças a motivações intrínsecas – a criança chegue a conceber a leitura não como uma "tortura", mas como uma diversão à qual ela pode se dedicar assiduamente. Assim, ela conseguirá treinar sem que essa atividade seja muito pesada para ela.

- Estimulem a criança e em hipótese nenhuma obriguem-na a ler. Se ela se oferecer para ler espontaneamente, permitam que o faça e valorizem sua disponibilidade e seu empenho. Naturalmente, certifiquem-se de que os colegas não zombem dela.

- Identifiquem espaços de ação nos quais se possa trabalhar exclusivamente com ela. Para isso, tentem acostumar a turma a uma didática flexível e diversificada.

- Tentem propor exercícios dirigidos com base no nível de desempenho alcançado. Por exemplo, se a·criança lê a uma velocidade de cerca de 1 síl./seg. e ainda manifesta dúvidas sobre a decodificação dos grafemas individuais, façam com que ela trabalhe em exercícios de leitura de letras. Se aparecerem erros típicos da fase ortográfica, será melhor "ignorá-los" até que ela tenha adquirido pelo menos um mínimo de competência de decodificação. Se, por sua vez, nos deparamos com uma leitura predominantemente silábica, embora truncada e com muitos erros, pode-se propor exercícios voltados à fusão de letras individuais em sílabas.

- Se a velocidade de leitura estiver em torno de 2 síl./seg., e as solicitações, em termos de estudo, revelarem-se excessivamente pesadas para o aluno ou a aluna, considerem a utilização de instrumentos compensatórios. ⟵

- Em todo o caso, intervenham para tornar mais legíveis os textos em papel (cf. Capítulo 4).

Os conselhos do especialista

Forçar a criança a ler em voz alta em sala de aula ou insistir na leitura de textos longos são práticas que não ajudam, mas, pelo contrário, cansam a criança e diminuem sua motivação para a leitura. É melhor privilegiar trechos curtos e de alta legibilidade.

Se vocês ainda não detectaram o nível de leitura da criança, evitem lhe oferecer um livro de exercícios do 1º ano, o que poderia gerar frustrações desnecessárias. Pelo mesmo motivo, não recorram imediatamente à síntese vocal ou aos instrumentos compensatórios.

Do ponto de vista didático, sugere-se evitar o método global que, pela sua natureza, não permite controlar a efetiva aprendizagem do código (entendido nas primeiras fases como iniciação fonema-grafema). É preciso ter cautela também com metodologias mistas que proponham ações desorganizadas, geralmente atribuíveis ao seguinte esquema: o professor lê uma história, faz a criança desenhá-la, pede para copiar algumas palavras ou frases, propõe exercícios de *cloze*. Também devem ser reduzidos os exercícios que envolvam a simples cópia de letras ou palavras, pois levam à concentração em aspectos grafomotores em detrimento dos fonológicos.

Pode ser muito útil monitorar o desenvolvimento da decodificação por meio da leitura de palavras sem sentido.

33

CAPÍTULO 2 — NÃO ACOMPANHA
o ritmo da turma

POR QUE FAZ ASSIM?

Porque a lentidão é a característica mais frequente nos perfis de dislexia, observável em inúmeras atividades de aprendizagem: da leitura à escrita de textos, da execução de cálculos simples à recuperação de informações memorizadas.

O QUE FAZER

✓ Respeitar os tempos de aprendizagem da criança e propor atividades adequadas, não necessariamente niveladas por baixo.

✓ Conceder pausas frequentes e colocar a criança em uma posição favorável na sala de aula.

✓ Buscar estratégias mais funcionais para seu perfil de funcionamento.

O QUE NÃO FAZER

✗ NÃO repreender a criança continuamente: suas dificuldades não dependem nem do empenho nem da atenção.

✗ NÃO pedir que ela faça exercícios a mais sem que uma ação voltada ao reforço esteja na base disso. Não é a quantidade que faz a diferença, mas sim a qualidade.

O que ter em mente

Conforme destacado na Introdução, a primeira característica observável e mensurável na dislexia é a leitura lenta e truncada, com erros de natureza diversa. A rapidez, em comparação com a precisão, é o indicador mais sensível da presença do transtorno, principalmente depois dos primeiros anos de escolarização. As velocidades esperadas, expressadas em sílabas por segundo, ao término de cada período dos anos iniciais do Ensino Fundamental, são:

- fim do 1º ano: 1,4 síl./seg.
- fim do 2º ano: 2,48 síl./seg.
- fim do 3º ano: 3,35 síl./seg.
- fim do 4º e 5º anos: 3,69 síl./seg.

Quanto mais a velocidade de um aluno ou de uma aluna diferir das relatadas, mais grave é sua dificuldade. Lembremos, a esse respeito, que, no fim do 2º ano, as crianças chegam a adquirir uma velocidade de decodificação suficiente para iniciar o estudo autônomo (2,5 síl./seg.).

Os alunos com dislexia podem ter dificuldade para acompanhar o ritmo da turma e parecem muito lentos em inúmeras atividades: desde a execução de um trabalho de processamento de informações ouvidas ou lidas, a realização de cálculos simples até a recuperação de informações memorizadas. O déficit na automação é responsável por um prolongamento dos tempos, por um maior gasto de energia e por um menor nível de precisão. Além disso, muitas vezes, quem tem problemas de aprendizagem na leitura também encontra dificuldades na escrita (e no cálculo). Não é uma regra, mas é uma condição frequente na prática clínica. A comorbidade entre os transtornos de leitura e de escrita parece derivar diretamente do fato de a evolução das duas competências ocorrer de modo conjunto, com as especificidades relativas, mas com amplas margens de sobreposição e de influência recíproca. A lentidão certamente tem um forte impacto na trajetória escolar, mas também repercute em nível motivacional e social. Um aluno que é lento para ler e não consegue realizar um exercício no tempo adequado ou adquirir uma competência pode chegar a se considerar um fracasso e a desenvolver uma impotência aprendida.

Algumas ideias sobre como intervir

- Para começar, criem um bom clima em sala de aula e uma boa colaboração.

- Tentem promover uma visão positiva para contrabalançar a tendência da criança a se diminuir diante das dificuldades e das lacunas que acumula. Isso não significa elogiar o aluno ou a aluna mesmo quando fizer um trabalho de forma inadequada, mas significa se esforçar para buscar e evidenciar os progressos, recompensando o empenho e as melhorias.

- Ajudem a criança identificando um local adequado em sala de aula. Por exemplo, posicionar sua carteira nas primeiras fileiras (possivelmente em uma posição perpendicular à lousa) pode ser uma boa solução para reduzir as dificuldades de leitura e a distração.

- Trabalhem em pequenos passos, atribuindo, quando oportuno, tarefas personalizadas, focadas nos aspectos fundamentais de cada aprendizagem e eliminando os de pura repetição. A seleção das tarefas negligenciáveis dependerá necessariamente da escolha dos objetivos a serem trabalhados.
- Reservem o tempo necessário e planejem pausas frequentes. Devido à falta de automatização, o aluno precisa de mais tempo para ler e compreender o que lhe é pedido.
- Concedam ao aluno eventuais dispensas ou o recurso ao uso de instrumentos compensatórios.
- Planejem a intervenção didática e apliquem metodologias que tenham um reconhecimento científico consolidado. Tressoldi e colaboradores constatam, por exemplo, que os tratamentos baseados na estimulação da leitura sublexical e lexical são eficazes, em termos de velocidade e de correção, e também eficientes, em termos de duração do tratamento.

Os conselhos do especialista

Evitem enfatizar a diferença de tratamento ou justificar as ações diferentes tomadas em relação à criança com dislexia, pois tais atitudes inevitavelmente terão repercussões negativas nas relações no interior do grupo.

Pensem e planejem cuidadosamente as atividades a serem realizadas: propor ao aluno ou à aluna uma quantidade maior de exercícios sem que haja na base disso uma ação voltada à potencialização não trará nenhum resultado. Não é a quantidade, mas sim a qualidade que faz a diferença. Do mesmo modo, será inútil e frustrante pedir ao aluno ou à aluna que copie o trabalho já realizado, por estar incorreto ou desordenado. Não devemos visar à perfeição ou a grandes mudanças, mas sim trabalhar em pequenos passos.

Na gestão das atividades, lembrem-se de que as dificuldades do aluno independem de seu empenho e da atenção dispensada, motivo pelo qual repreendê-lo continuamente é inútil e prejudicial à sua motivação.

Nesse sentido, prestem atenção na qualidade dos *feedbacks*. Transmitir *feedbacks* que nascem da convicção de que existe um programa a ser realizado seguindo um cronograma preciso só será fonte de estresse e de frustração para o aluno e também para vocês, professoras e professores. Tentem não banalizar a ação, reduzindo a intervenção de vocês ao lema "quem insiste, mais cedo ou mais tarde, consegue". Tenham sempre em mente a importância de avaliar a adequação das estratégias implementadas e a necessidade de modificá-las ou de substituí-las por outras.

CAPÍTULO 3
NÃO AUTOMATIZA
os aprendizados

— POR QUE FAZ ASSIM?

Porque a passagem do controle cognitivo para a automatização envolve modificações complexas da atividade cerebral. Algumas áreas respondem de forma diferente, e isso provoca respostas deficitárias.

Porque o processo automático não requer esforço e resiste ao estresse, mas é dificilmente controlável pelos mecanismos cognitivos e ocorre predominantemente de forma implícita.

O QUE FAZER

√ Propor atividades adequadas que prevejam a repetição frequente das novas habilidades ou conhecimentos.

√ Fornecer reforços positivos e valorizar o empenho continuamente.

√ Utilizar, quando necessário, os instrumentos compensatórios (tabelas, mapas, computador com corretor ortográfico e síntese vocal).

O QUE NÃO FAZER

✗ NÃO exagerar na atribuição de exercícios. O fato de muitos aprendizados serem mecânicos não significa que basta abusar dos exercícios e das repetições para adquiri-los.

✗ NÃO apresentar exercícios monótonos demais e desconectados da habilidade que se quer tentar automatizar.

O que ter em mente

A correção e a velocidade de leitura da criança nos fornecem informações úteis para estabelecer quando o processo de leitura se tornou automático. A automatização da leitura é o objetivo final a ser alcançado, pois um processo automático é menos cansativo: requer pouca atenção e pouco controle voluntário.

Muitos aprendizados se desenvolvem em duas fases: a fase inicial é marcada por um intenso monitoramento da atividade, enquanto a fase final se caracteriza por uma execução da atividade com pouco esforço e controle voluntário. Essa fase é alcançada por meio de muita prática e exercício.

O déficit na automação é um dos aspectos que, mais do que qualquer outro, condiciona a modalidade de aprendizagem de um aluno ou uma aluna com TEA. A falta de automatização faz com que os tempos se prolonguem e envolve tanto um maior gasto de energia quanto um menor nível de precisão. O consumo anormal de recursos atencionais leva a seu rápido esgotamento e à tendência a abandonar a tarefa. Uma leitura não automatizada, inferior a 2,5 síl./seg., interfere na compreensão. A falta de automatismo na escrita influencia o processamento de textos, anotações e esquemas. A escrita lenta pode provocar a perda de algumas informações importantes, e as ideias podem ser organizadas de forma pouco coerente. Além disso, as palavras podem ficar ilegíveis ou incompreensíveis devido a erros ortográficos significativos. Em geral, o desenvolvimento das automatizações ocorre primeiro por meio de um trabalho sistemático realizado na escola, depois sua evolução é diretamente proporcional à qualidade e à quantidade da exposição, favorecida por interesses pessoais e pelos conhecimentos adquiridos.

Algumas ideias sobre como intervir

- Em geral, para trabalhar na automatização, é útil propor atividades que envolvam a repetição frequente das novas habilidades ou conhecimentos nos quais se está trabalhando. No que diz respeito à leitura, e mais especificamente à automatização da conversão dos grafemas em fonemas, pode ser útil a técnica do *prompt*, que ajuda a memorizar a configuração das letras por meio da apresentação de desenhos que representam um objeto ou uma forma que se assemelha às próprias letras.
- A decifração das letras e a montagem das sílabas podem ser facilitadas por atividades no computador ou por atividades multissensoriais e lúdicas. Jogos da memória, bingos ou adivinhas são facilmente realizáveis.
- Forneçam reforços positivos e valorizem o esforço continuamente. Os reforços podem ser tangíveis (adesivos, brinquedos, doces etc.), sociais (demonstrações de afeto, atenção), dinâmicos (atividades prazerosas) ou simbólicos (fichas que, uma vez coletadas em um número preestabelecido, permitem o acesso a um dos outros tipos de reforços).

43

- O trabalho sistemático realizado na escola para promover a automatização nunca deve ser considerado concluído, mas sempre em evolução.
- Dado que o passo seguinte, isto é, sua evolução em termos de eficiência, é proporcional à qualidade e à quantidade de exposição, que pode ser favorecida por interesses pessoais, é fundamental apoiar a motivação.
- Quando a falta de automatização tiver efeitos impactantes, recorram aos instrumentos compensatórios e a textos simplificados.

Os conselhos do especialista

O fato de muitos aprendizados serem mecânicos não significa que seja suficiente mandar fazer muitos exercícios e repetições para adquiri-los. Portanto, tentem não exagerar na atribuição de exercícios, pensando que a repetição da tarefa seja suficiente para sua automatização.

É importante reduzir as dificuldades do aluno, mas sem esquecer as disciplinas de que ele gosta ou nas quais se considera competente. Não foquem apenas as dificuldades dele, mas observem também o que ele domina e valorizem isso.

Dado que a motivação continua sendo um dos aspectos-chave para enfrentar essa dificuldade assim como outras, é importante apoiá-la, propondo exercícios bastante variados e bem ligados à habilidade que se quer tentar automatizar.

"Pressionar" em relação aos tempos de aprendizagem ou acelerar o ritmo, na convicção de que isso estimula a criança a trabalhar melhor, pode ter um efeito negativo. Essa carga de trabalho excessivo pode diminuir a motivação.

Em relação à utilização de instrumentos compensatórios, é importante lembrar que eles atuam apenas nos aspectos automáticos da tarefa e não nos processos cognitivos. A introdução de tais instrumentos permite uma avaliação mais precisa e correta do desempenho dos alunos e das alunas, evitando que se obtenha um resultado distorcido, resultante de um automatismo deficitário.

CHECKLIST

Este *checklist* oferece um guia para a observação de alunos e alunas durante a leitura. Não se trata de um instrumento de diagnóstico, mas sim de um instrumento de orientação. Os objetivos principais são descrever a *performance* do aluno e monitorá-lo ao longo do tempo mediante observações repetidas. Utilizando uma escala de quatro pontos, é possível expressar o grau ou a intensidade da *performance* observada. Uma pontuação mais alta indica uma dificuldade registrada mais intensa e severa.

Apresenta dificuldade e lentidão na aquisição do código alfabético	0	1	2	3
Tem um controle limitado das operações de análise e síntese fonêmicas	0	1	2	3
Manifesta tensão enquanto lê	0	1	2	3
Não consegue ficar sentado enquanto lê	0	1	2	3
Não mantém o foco	0	1	2	3
Aponta com o dedo para cada palavra que lê	0	1	2	3
Perde o foco dentro da mesma linha	0	1	2	3
Perde o foco ao passar para a linha seguinte	0	1	2	3
Comete erros de repetição	0	1	2	3

Confunde grafemas que são escritos de forma semelhante	0	1	2	3
Confunde grafemas que representam sons semelhantes	0	1	2	3
Inverte letras de uma mesma palavra	0	1	2	3
Inverte sílabas de uma mesma palavra	0	1	2	3
Faz elisões e substituições fonológicas	0	1	2	3
Tem dificuldade para fundir as letras e para ler a palavra	0	1	2	3
Lê lentamente, letra por letra	0	1	2	3
Tem uma leitura silábica confusa (com dificuldade para compreender o significado)	0	1	2	3
Lê lentamente e sem entonação	0	1	2	3
Não respeita a pontuação	0	1	2	3
Tem grandes hesitações	0	1	2	3
Lê em voz muito baixa	0	1	2	3
Tem dificuldade para compreender palavras	0	1	2	3
Tem dificuldade para compreender frases	0	1	2	3
Tem dificuldade para compreender trechos	0	1	2	3
Distrai-se facilmente	0	1	2	3

CAPÍTULO 4 VÊ AS LETRAS

se mexendo

POR QUE FAZ ASSIM?

Porque pode haver dificuldades específicas nos diferentes componentes do "processo visual", como os movimentos oculares, o sistema magnocelular e a atenção visual.

Porque a presença dessas dificuldades torna a leitura muito lenta e caracterizada por erros de inversão ou pela troca de letras que parecem semelhantes entre si (o *b* pelo *d*, o *p* pelo *q*).

O QUE FAZER

✓ Propor exercícios de nomeação rápida de imagens, a fim de exercitar o olhar e favorecer a velocidade de acesso lexical.

✓ Preparar exercícios em que se treina a criança a encontrar letras (por exemplo, o *p* ou o *d*), sílabas ou palavras-alvo. Esse treinamento, como todos os outros exercícios de potencialização, deve ser feito muitas vezes, mas "em pequenas doses".

✓ Colocar a criança nas primeiras fileiras, perto da lousa.

O QUE NÃO FAZER

✗ NÃO utilizar um livro de exercícios da educação básica ou fichas que trabalhem exclusivamente aspectos fonológicos ou linguísticos.

✗ NÃO fazer a criança copiar da lousa e não atribuir tarefas de transcrição de palavras ou frases.

O que ter em mente

A aquisição da leitura envolve não apenas processos cognitivos de tipo verbal, mas também habilidades visuais. Por "habilidades visuais", referimo-nos à capacidade de reconhecer as várias partes da palavra (grafema, sílaba, morfemas), e não à acuidade visual ou visão correta, que, segundo o documento PARCC/2011, não deve ser inferior a quatro décimos.

Podemos observar que a criança, ao ler, troca letras dentro da palavra, inverte letras, troca sílabas. Se a habilidade visual da leitura estiver aprendida, não se deverão detectar problemas como salto de linhas, perda frequente do foco de leitura, apesar do uso do dedo para ler, ou inversões de caracteres orientados de forma diferente no espaço (p, q, d, b).

Ao ler, os olhos não efetuam movimentos contínuos ao longo das linhas do texto, mas realizam operações diferentes: fixam as palavras, executam movimentos rápidos, chamados de "sacadas", principalmente no sentido da esquerda para a direita, mas também, embora em menor grau, para trás. As palavras mais conhecidas são frequentemente puladas, assim como as mais curtas (artigos e preposições), enquanto as palavras mais longas requerem um tempo de fixação maior. Além disso, o número das fixações em uma palavra diminui com o aumento da idade e com a progressiva melhoria da habilidade de leitura. De fato, quanto maior for a experiência na leitura, maiores serão as representações mentais de palavras úteis para um processo de reconhecimento lexical mais veloz.

Foram observadas diferenças significativas em crianças com dislexia em comparação com os colegas que leem sem dificuldades particulares:

- os olhos param e se concentram em uma palavra ou em um grupo de letras com mais frequência e por um tempo maior;
- os olhos se voltam repetidamente para trás, para palavras ou frases já lidas;
- os movimentos rápidos dos olhos (sacádicos) são de pequena amplitude;
- a capacidade dos olhos de focar simultaneamente um ponto do espaço (fixação binocular) é muito sensível à sobrecarga de estímulos, causando dificuldades de "concentração visual" ou sensação de cansaço quando se fixa um objeto com ambos os olhos.

Considerando os componentes visuais atencionais, há uma explicação adicional das dificuldades de leitura por parte de um sujeito com dislexia, como os problemas relacionados ao efeito da sobrecarga ou aglomeração (*crowding*), ou seja, a incapacidade de reconhecer um estímulo devido à presença de outros estímulos distratores.

Algumas ideias sobre como intervir

- Para diminuir as possibilidades de confusão, comecem com as letras maiúsculas, pois são os caracteres em que há menos semelhanças entre as letras.

- Proponham exercícios de nomeação rápida de imagens, voltados a exercitar o olhar a se mover rapidamente, facilitando a automatização da orientação esquerda-direita na leitura e favorecendo/aumentando a velocidade de acesso lexical e a capacidade de automatizar uma tarefa linguística.

- Outros exercícios a serem propostos são os de busca visual, com o objetivo de exercitar o olhar a se mover rapidamente da esquerda para a direita e de estimular as habilidades de busca e de análise visual-perceptiva. Trata-se de exercícios que exigem que se procure uma ou mais letras (alvo) simultaneamente dentro de listas de letras semelhantes em termos de características visuais. Progressivamente, vocês podem passar para a busca de sílabas ou de palavras.

- Podem ser muito úteis as atividades multissensoriais ou que usam mais códigos de processamento da informação (código visual e código verbal).

- A dislexia convida a refletir sobre os aspectos ergonômicos do texto escrito. Algumas indicações simples – mesmo que não resolvam o problema – podem ajudar a tornar a leitura mais fácil.

- Escolham uma fonte tipográfica sem serifas (ou seja, sem "enfeites" do caractere, constituídos por um tracinho mais ou menos complexo nas extremidades das letras), que torne o texto graficamente mais leve.

- Usem um espaçamento entre linhas amplo e letras maiúsculas em vez de minúsculas, espaçando as letras.

- Não usem hifenização, passando as palavras para a linha seguinte.
- O número de caracteres por linha deve ser em torno de 60, para que o olho volte mais facilmente para trás e para que o ritmo da respiração possa acompanhar a leitura.
- Usem o alinhamento à esquerda, porque isso ajuda a manter um controle visual claro durante a leitura, reduzindo a possibilidade de "perder o foco". Além disso, garante um espaço uniforme entre as palavras e as letras, evitando distorções perceptivas que poderiam causar fusões ou separações indevidas de palavras ou letras.

Os conselhos do especialista

Evitem apresentar rápida e massivamente os diferentes grafemas, sem antes verificar até que ponto as crianças os adquiriram e os dominam.

Evitem apresentar ao mesmo tempo dois grafemas que variam em pequenos detalhes, como o E e o F em letras maiúsculas.

Não subestime a posição da criança dentro da sala de aula, pois, se for inadequada, pode dificultar ou retardar o desenvolvimento de suas competências.

CAPÍTULO 5
NÃO RECONHECE
caracteres diferentes

POR QUE FAZ ASSIM?

Porque escolhas didáticas erradas ou a falta de respeito pelos tempos de aprendizagem podem gerar ou acentuar algumas dificuldades nas instrumentalidades básicas e provocar confusão ou cansaço no aluno ao reconhecer os diversos caracteres.

O QUE FAZER

✓ Apresentar à criança um caractere de escrita por vez. Passar para o posterior apenas quando se tiver a certeza de que o anterior foi bem consolidado.

✓ Começar pelas letras maiúsculas, que são as mais legíveis.

✓ Usar fontes sem serifas.

O QUE NÃO FAZER

✗ NÃO introduzir simultaneamente mais de um caractere (letras maiúsculas e minúsculas) e não usar caracteres "extravagantes" (letras e números quadrados).

✗ NÃO usar de modo anômalo hífens, barras, sinais de pontuação para indicar as fronteiras entre palavras, porque isso cria um efeito de "sobrecarga" que pode aumentar a confusão na criança.

O que ter em mente

A dificuldade de reconhecer caracteres diferentes pode ser causada por <u>escolhas didáticas equivocadas</u> ou pela mania de "terminar o programa". Pensemos, nesse sentido, na escolha de metodologias que apresentam diferentes alógrafos ao mesmo tempo ou na proposta de caracteres extravagantes, como a escrita quadrada. Pensemos na adoção de métodos globais ou em propostas nascidas de misturas inoportunas de métodos de alfabetização derivados da montagem de fichas encontradas na internet ou em diversos manuais. Ou pensemos ainda em propostas que não preveem nenhuma forma particular de exercício fonológico, mas se baseiam quase que exclusivamente na cópia e na reprodução de grafemas.

Escolhas didáticas inapropriadas podem vir acompanhadas de medos, ansiedades, rigidez ou despreparo do professor ou da professora, que acaba apresentando tudo rapidamente só para terminar o programa no prazo ou antes dos colegas. Essa pressa provoca e amplifica a confusão e, em alguns casos, produz aquisições erradas, nas quais é complicado <u>intervir depois</u>. Há escolhas que são feitas com base em uma concepção de ensino que prevê a padronização ou o nivelamento, em virtude de um modelo único de funcionamento e de resposta, sempre igual para todos. O ensino permanece imutável: não muda de acordo com a variação das condições. Nessa concepção, para aprender basta repetir. Se não se aprende, é porque não se repetiu o suficiente ou não se exercitou muito. Não há alternativa à memorização, não há abordagens diferentes da repetição e de fazer exercícios. Tudo isso vem acompanhado da ideia de que não podem ser fornecidos instrumentos ou suportes, pois tornam a realização de um exercício ou a resolução de um problema "fácil demais" ou "cômoda demais". É evidente que o primeiro passo para um professor é se interrogar sobre suas próprias metodologias e continuar se formando.

Algumas ideias sobre como intervir

- No início da aula, apresentem primeiro um caractere de escrita por vez, tomando o cuidado de passar para o caractere seguinte somente quando tiverem uma certeza razoável de que os alunos assimilaram os grafemas apresentados.
- Comecem pelas letras maiúsculas, que são os caracteres mais facilmente legíveis e executáveis, porque são realizados em uma única faixa horizontal, não preveem traços e prolongamentos, e são mais claramente distinguíveis. Passem para um novo caractere somente quando o anterior estiver estabilizado.
- Usem letras maiúsculas nas fichas e nos materiais a serem fornecidos aos alunos.
- Usem fontes sem serifas, ou seja, sem filetes.

Os conselhos do especialista

A medida mais importante a implementar é evitar a introdução de mais de um alógrafo simultaneamen-

te. De fato, para alunos e alunas com dificuldade, é muito cansativo memorizar correspondências múltiplas.

Não exijam o uso de caracteres diferentes em relação às matérias, mas mantenham o mesmo caractere de escrita em todas as disciplinas.

Evitem o uso de caracteres extravagantes, conhecidos como "letras e números quadrados", porque essas fontes tornam muitas letras e números facilmente confusos. A escrita "quadrada" retarda o tempo de execução, porque cria dificuldades na memorização de formas totalmente inéditas, assim como nas contínuas mudanças de direção impostas pelos movimentos. Trata-se de uma atividade inútil que será posteriormente inibida em favor da letra cursiva.

Tenham em mente que mesmo o ensino da escrita com letras minúsculas, idealmente destinado a facilitar a aprendizagem da leitura, não traz benefícios particulares e não há um reconhecimento científico acerca de sua utilidade, pois não existe relação entre as duas habilidades. Para aprender a identificar os grafemas do roteiro, bastam exercícios de comparação entre letras maiúsculas e minúsculas, no caso de alunos que não apresentem dificuldades específicas. Diferentemente, no caso de alunos com dificuldades, o ensino da escrita com letras minúsculas, geralmente proposto entre o primeiro e o segundo quadrimestre, interfere na produção de alógrafos maiúsculos, produzindo uma mistura dos dois caracteres dentro de uma mesma palavra.

Utilizar inapropriadamente hífens, barras ou outros sinais de pontuação – e, em geral, todos os sinais estranhos à escrita das palavras – para indicar as fronteiras entre palavras cria um efeito de "sobrecarga" que as torna menos reconhecíveis.

CAPÍTULO 6

TEM DIFICULDADE
de elaborar os sons

> **POR QUE FAZ ASSIM?**
>
> Porque a criança tem dificuldades determinadas por uma disfunção no sistema de elaboração fonológica, que requer a utilização de regras de conversão grafema-fonema e não se apoia no léxico mental.

O QUE FAZER

✓ Nos anos iniciais do Ensino Fundamental é preciso estimular continuamente as competências fonológicas e metafonológicas, explorando sobretudo os materiais didáticos versáteis, como papéis, imagens, fantoches, tiras de papel, círculos, blocos de montar etc.

✓ Tornar gradual a apresentação das palavras, levando em consideração sua extensão (das dissílabas às trissílabas até as polissílabas) e sua complexidade estrutural.

✓ Anotar ou criar um arquivo para registrar as sílabas erradas com maior frequência.

O QUE NÃO FAZER

✗ NÃO apresentar fichas e exercícios com fonemas invertidos (por exemplo, *eu* e *ue*), porque as crianças com TEA os confundem e os invertem normalmente.

✗ NÃO apresentar por último as consoantes oclusivas (*p, b, t, d, c, g*).

O que ter em mente

As competências fonológicas e metafonológicas representam os pré-requisitos construtivos na aprendizagem da lectoescritura e consistem na capacidade de desmontar as palavras, de identificar as sílabas, os fonemas individuais e seu número, sua posição dentro da palavra, e posteriormente de aprender a representá-los.

Há uma hierarquia no desenvolvimento da competência metafonológica: o componente global, que diz respeito à sílaba e se desenvolve primeiro, e o analítico, que diz respeito ao fonema e se desenvolve depois. É importante tornar gradual a apresentação das palavras, levando em consideração sua extensão, das dissílabas às trissílabas até as polissílabas, e sua complexidade estrutural. Tal capacidade deve ser estimulada com tarefas adequadas ao nível de dificuldade com base na idade e na faixa de escolaridade, com intervenções didáticas que favoreçam a potencialização, tanto com exercícios individuais quanto com atividades que envolvam toda a turma.

As crianças com dificuldades de nível fonológico geralmente fazem uma leitura silábica. Quanto mais as palavras aumentam em complexidade (trissílabas ou quadrissílabas), maior é o tempo de que elas precisam para ler, e maior é a probabilidade de que cometam erros. Elas leem as palavras de alta frequência por inteiro (*casa, mar, sol, mamãe, bola*). Cometem erros de tipo fonológico, em que não se respeita a relação entre fonemas e grafemas, respectivamente som e elemento gráfico, sobretudo:

- inversão de letras dentro de uma palavra (*au* por *ua*);
- omissão de letras na escrita de uma palavra (*cadera* por *cadeira*);
- acréscimo de letras em uma palavra (*amiguo* por *amigo*);
- troca de letras em uma palavra (*toisa* por *coisa*).

Entre os erros de troca de letras (ou grafema incorreto), são frequentes aqueles caracterizados pela confusão entre sinais orientados de forma diferente no espaço (*p* e *b*), com pequenas diferenças gráficas (*f* e *t*) e representando sons semelhantes (*f* e *v*).

Em resposta às dificuldades de leitura, as crianças com dislexia tendem a recorrer ao processo intuitivo em vez do processo de decodificação, que é fonte de erros de antecipação: decodificam a primeira parte da palavra e prosseguem inventando a outra parte. Assim, a palavra contida no texto muitas vezes é transformada em outra, cujo significado pode ser afim ou até completamente diferente.

Algumas ideias sobre como intervir

- As atividades metafonológicas estão entre as mais importantes a serem desenvolvidas no último ano inicial do Ensino Fundamental e nos dois primeiros anos finais. São particularmente indicadas as cantigas com rimas e trocadilhos, segmentações e fusões, reflexão sobre a forma e a extensão das palavras, sobre como elas mudam ao acrescentar ou tirar uma sílaba, exercícios de exploração visual com reconhecimento de palavras repetidas dentro de um texto.

- Nos anos iniciais do Ensino Fundamental, exercitem cada aspecto fonológico de forma muito estruturada e repetitiva, utilizando principalmente materiais didáticos que possam ser manipulados e controlados visualmente.
- Tornem gradual a apresentação das palavras, levando em consideração sua extensão, das dissílabas às trissílabas até as polissílabas, e sua complexidade estrutural.
- Criem um arquivo onde vocês possam registrar as sílabas passíveis de erro com mais frequência.

Os conselhos do especialista

A utilização do método global para o ensino da leitura atrasa a aquisição de uma fluência adequada e da correção na própria leitura. Ao contrário dos métodos sintéticos – os métodos de leitura direta de letras e sílabas (alfabéticos, fônicos, fonossilábicos) baseados na correspondência entre o som e a respectiva grafia –, muitas aplicações globais parecem ser desestruturadas e mecânicas.

É preciso investir – principalmente no primeiro período do Ensino Fundamental – em aspectos metafonológicos, muitas vezes ignorados em favor da cópia e da reprodução das letras individuais. Evitem fichas e exercícios com fonemas invertidos (por exemplo *eu*

e *ue*), pois as crianças com TEA já fazem confusões e inversões espontaneamente.

Para envolver as crianças não é necessário nem atividades extraordinárias nem enfeites particulares: se bem apresentado pelo professor ou pela professora, o "comum" é eficaz. Ao aplicar esse princípio às atividades metafonológicas, podemos envolver as crianças em atividades de grupo a serem realizadas oralmente e sem recorrer a materiais caros. Por exemplo, para a separação de sílabas, podemos utilizar massas, botões ou folhas de papel. Na versão mais fácil de fazer, trata-se de pronunciar lentamente uma palavra e pedir que as crianças desenhem no papel o número de bolinhas correspondentes aos sons que compõem a palavra. Se considerarem apropriado, vocês podem mostrar uma imagem da palavra escolhida. O próximo nível é representado pela escolha das letras que compõem a palavra.

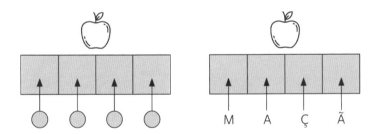

Outras atividades simples podem ser as de "pescar" cartas ou objetos em uma caixa e adivinhar o som inicial (ou final), ou pedir que recortem de jornais e revistas todas as imagens que comecem com o som escolhido.

CAPÍTULO 7
NÃO ENTENDE
o que lê

POR QUE FAZ ASSIM?

Porque a falta de automatização da habilidade de leitura obriga a criança a dedicar a maior parte de seus recursos cognitivos e de atenção à decodificação do texto, deixando recursos limitados para a compreensão.

O QUE FAZER

✓ Propor atividades específicas sobre as habilidades que subjazem ao processo de compreensão (identificar as informações principais, fazer inferências etc.) e trabalhar em nível metacognitivo, melhorando os conhecimentos e as estratégias para monitorar a própria compreensão.

✓ Promover a compreensão a partir da escuta.

✓ Utilizar ou elaborar textos acessíveis.

O QUE NÃO FAZER

✗ NÃO atribuir tarefas de leitura e de compreensão de texto sem fornecer estratégias ou explicações adequadas.

✗ NÃO propor trechos escolhidos ao acaso no livro de texto.

✗ NÃO permitir a utilização da síntese vocal.

O que ter em mente

A dislexia evolutiva se caracteriza como um distúrbio específico na automatização funcional da habilidade de leitura decifrativa. A falta de automatização provoca lentidão excessiva, com inúmeros erros (de natureza visual, fonológica ou lexical), e interfere na compreensão do texto. A falta de aquisição ou a aquisição incompleta da habilidade de leitura decifrativa não é um elemento crítico em sentido absoluto: as crianças com dislexia podem alcançar um desempenho adequado em testes de compreensão de texto, pois uma decodificação precisa é uma condição necessária, mas não suficiente, para compreendê-lo.

Nas comunidades científicas, é cada vez mais compartilhada a ideia de que as capacidades de decodificação e de compreensão são distintas entre si, especialmente nas línguas com ortografia transparente, como o italiano [e também o português]. No nível didático, o fato de se tratar de duas capacidades distintas implica a necessidade de implementar intervenções diferentes: por um lado, trabalharemos na automatização do processo de reconhecimento das palavras; por outro, investiremos nas áreas fundamentais do processo de compreensão. Em relação a estas últimas, um ponto de referência importante no âmbito didático e científico são as 10 áreas fundamentais identificadas por Cesare Cornoldi e seu grupo de trabalho, que são: (1) personagens, lugares e tempos, (2) fatos e sequências, (3) estrutura sintática, (4) conexões textuais, (5) inferências lexicais e semânticas, (6) sensibilidade do texto, (7) hierarquia do texto, (8) modelos mentais, (9) flexibilidade, (10) erros e incongruências.

Compreender um texto é o resultado de uma atividade que requer que o leitor integre as informações fornecidas pelo texto com aquelas que já possui. Essa integração leva à representação mental do conteúdo, que depende da combinação de variáveis que dizem respeito ao leitor (processos perceptivos, conhecimentos, memória de curto prazo etc.), ao objetivo pelo qual lê e ao tipo de texto que está lendo.

Algumas ideias sobre como intervir

- As intervenções mais eficazes são aquelas baseadas em uma combinação de instrução direta e ensino de estratégias cognitivas.

> As ações que permitem o máximo rendimento são: dar explicações ou fazer demonstrações, fazer perguntas, oferecer respostas diretas, proceder passo a passo, decompor as informações complexas para torná-las mais simples.

- Comecem com imagens que não requeiram competências específicas de leitura e promovam a compreensão a partir da escuta.

- Proponham atividades de leitura guiada, em que se leia um texto junto com a criança, dando-lhe todo o tempo que precisar, explicando o texto ou pedindo que ela o explique. Antes de iniciar a leitura, é muito útil criar expectativas sobre o que pode acontecer, pois assim se foca a atenção e se estimula o interesse pelo texto.

- Proponham atividades didáticas que atuem seletivamente sobre os componentes fundamentais da compreensão do texto (10 áreas de Cornoldi e colegas), criando as premissas para sua generalização.

- Proponham atividades metacognitivas, trabalhando os conhecimentos que o leitor já possui em relação à compreensão, às estratégias ou às motivações. É importante dar exemplos concretos com material adequado e pedir à criança que utilize de modo autônomo a estratégia aprendida e que verifique se a utilizou corretamente.

- Acostumem as crianças a identificar a sequência cronológica e lógica dos fatos e treinem-nas a reconhecer a estrutura típica de um texto, para que possam dispor de esquemas de referência que facilitem a identificação de personagens, tempos, lugares e fatos, e, consequentemente, a elaboração de inferências.

- Trabalhem de modo orientado sobre os processos inferenciais. Um exercício inicial útil é o texto com lacunas, no qual o leitor é convidado a preencher o espaço escolhendo a alternativa correta entre as propostas ou a adivinhar seu conteúdo. A promoção das competências inferenciais se baseia na estimulação da capacidade de prever – com base nas informações disponíveis – partes do texto que faltam, que são ambíguas ou o que acontecerá em seguida.

- Trabalhem a acessibilidade do texto usando frases curtas, evitando as orações subordinadas e preferindo as coordenadas. Sempre que possível, usem formas ativas e no modo indicativo. Não usem negações duplas. Acompanhem o texto com imagens, esquemas, tabelas, mas de forma clara e linear, sem "encher" as páginas.

Os conselhos do especialista

A primeira intervenção sobre a compreensão deve partir da escuta, que, para alunos e alunas com dislexia, torna-se um pré-requisito indispensável em chave compensatória. Sem um trabalho adequado nessa área, dificilmente o aluno ou a aluna poderá usar a síntese vocal ou os livros falados de modo ativo.

Não deixem de prestar atenção aos comandos, que devem ser claros e não cumulativos. Esse é um aspecto que oferece uma oportunidade de trabalho em todas as disciplinas.

Outras intervenções específicas para continuar trabalhando na atividade de compreensão devem ser implementadas respeitando os tempos exigidos por esses alunos.

Não atribuam tarefas escolhendo textos ao acaso e sem fornecer estratégias adequadas.

Proponham textos não muito longos e adequados ao perfil de funcionamento do aluno.

CAPÍTULO 8
NÃO CONSEGUE
copiar da lousa

POR QUE FAZ ASSIM?

Porque a criança tem dificuldade na memória de curto prazo e não automatizou a leitura.

Porque, por essas razões, logo no momento em que o olhar passa da lousa para o caderno, a informação lida pode ter se perdido.

O QUE FAZER

✓ Propor atividades de copiar de uma folha de papel em vez da lousa.

✓ Respeitando os tempos do aluno ou da aluna, ditar um texto curto.

✓ Fornecer anotações ou fichas preparadas antecipadamente (dispensando de copiar da lousa).

✓ Escrever sempre com letras maiúsculas.

O QUE NÃO FAZER

✗ NÃO se exceder nas atividades de copiar.

✗ NÃO usar a lousa para escrever as instruções, os textos dos problemas ou qualquer outra coisa a ser copiada pelas crianças em seus cadernos.

O que ter em mente

No Ensino Fundamental, a lousa tem ainda hoje um papel de grande importância como instrumento didático. Durante os dois primeiros anos de escola, professores e professoras muitas vezes convidam as crianças a copiar o que está escrito na lousa, considerando essa atividade como uma das formas mais simples e naturais de aprendizagem por imitação. No entanto, para compreender plenamente esse tipo de aprendizagem, é importante distinguir dois mecanismos fundamentais: a emulação e a imitação. A emulação consiste na capacidade de reproduzir os resultados de uma ação realizada no ambiente, concentrando-se nos resultados mais do que na ação em si. A aprendizagem resultante satisfaz o desejo incontrolável de igualar ou até mesmo de superar alguém. Pelo contrário, na imitação, tem-se a tentativa de reproduzir fielmente uma ação realizada por um modelo, tentando, ao mesmo tempo, buscar o mesmo objetivo. Ao contrário da emulação, a imitação exige que o sujeito compreenda a intenção, conseguindo também antecipar o resultado final.

A capacidade de reproduzir ou copiar requer alguns pré-requisitos essenciais. No caso da cópia da lousa, são essenciais:

- a capacidade de criar uma representação mental do modelo a ser copiado (seja ele um gesto ou uma palavra);
- a habilidade de reprodução (padrões fonológicos evolutivos no que diz respeito à linguagem; habilidades grafomotoras no que diz respeito ao desenho);

- a memória. Ao avaliar o desempenho de uma cópia, é de grande importância considerar atentamente esses pré-requisitos e interrogar-se sobre o tempo adequado a ser atribuído. Uma criança com dificuldade de leitura ou na memória de curto prazo está mais exposta ao risco de perder rapidamente a informação lida assim que deslocar o olhar da lousa para o caderno. Uma dificuldade a mais pode surgir do fato de a escrita para adultos ser muito personalizada em comparação com o modelo padrão, e, em alguns casos, isso pode aumentar os tempos de decifração.

Algumas ideias sobre como intervir

- Escrever na lousa com letras maiúsculas pode ser uma solução muito simples que ajuda as crianças com TEA. O fato de vocês escreverem com esse caractere na lousa não impede que os outros colegas "traduzam" essa escrita em outros alógrafos no caderno. Auxiliar a atividade de cópia com um ditado que respeite os tempos de escrita pode facilitar o trabalho de toda a turma. Naturalmente, vocês deverão se certificar de que a ativação desse canal duplo não cause confusão nas crianças.

- Certifiquem-se de que as coisas escritas na lousa permaneçam lá até que todos os alunos tenham copiado.

- Para que os alunos possam manter um rastro das explicações do professor ou da professora, vocês podem propor, em alguns casos, que eles copiem as anotações feitas pelos colegas. As crianças com dislexia costumam ser muito teimosas e determinadas, e, apesar de sua lentidão, fazem questão de escrever tudo sem a ajuda de ninguém. Para compensar as dificuldades instrumentais, esses alunos geralmente também dedicam muito tempo para as tarefas, sacrificando atividades igualmente importantes para o desenvolvimento pessoal. Portanto, avaliem a introdução de <u>explicações por escrito e sintéticas, mas completas.</u>

- Em geral, pode ser mais útil pedir que as crianças copiem a partir de uma folha de papel. Vocês podem construir fichários com fichas plastificadas (problemas, atividades de gramática ou fichas-guia) para serem copiadas ou simplesmente preenchidas com um marcador. Uma vez corrigidas, elas podem ser reutilizadas, apagando o que foi preenchido com um pano umedecido em álcool.

- Forneçam à criança material escrito no computador ou, eventualmente, uma fotocópia do caderno dos colegas.

- Utilizem estratégias visuais para ajudar a criança a copiar da lousa, por exemplo, usando cores diferentes para cada linha ou uma régua para indicar qual linha do texto deve ser copiada.

Os conselhos do especialista

É preciso evitar, de todos os modos, pedir à criança que copie rapidamente o que está escrito na lousa, sob a ameaça de que "daqui a pouco vou apagar tudo!" Para algumas crianças com dislexia, a atividade de copiar da lousa é muito cansativa. Para compreender esse esforço, professores ou colegas podem tentar copiar um texto escrito em caracteres cuneiformes ou chineses.

No caso de alunos e alunas que também tenham uma comorbidade junto com a disgrafia, insistir na atividade de copiar da lousa pode ser contraproducente e levar a um desperdício inútil de energias. É melhor entregar uma folha de papel e trabalhar o aspecto cognitivo.

Não escrevam textos muito longos na lousa utilizando caracteres diferentes, esperando que a criança copie tudo de forma rápida e correta.

Outro fator que causa cansaço e retarda a atividade é a necessidade de escrever as várias partes de um texto com canetas de cores diferentes.

Subdividam as atividades em fases e não apresentem mais de uma tarefa por vez.

CAPÍTULO 9
NÃO ENCONTRA
as palavras

POR QUE FAZ ASSIM?

Porque a dislexia está ligada a um déficit na memória de curto prazo que determina a dificuldade de recordar a palavra correta quando necessário (disnomia), com repercussões nas habilidades do discurso, da escrita ou de ambos.

O QUE FAZER

√ Propor exercícios de enriquecimento lexical e de exposição oral, por exemplo, encontrar sinônimos de palavras ou identificar a palavra exata.

√ Propor jogos de associação em que a criança deve identificar palavras semelhantes ou correlatas (como *casa* e *caminho*).

√ Fornecer textos com frases incompletas a serem preenchidas com uma palavra específica ou apresentar imagens a serem denominadas.

√ Em caso de dificuldades impactantes, sugerir que mães, pais e responsáveis consultem um especialista para buscar aprofundamentos.

O QUE NÃO FAZER

✗ NÃO negar a utilização de mapas ou esquemas.

✗ NÃO recusar ou desencorajar a utilização de sinônimos no lugar de termos específicos.

O que ter em mente

A dificuldade se manifesta com palavras que escapam, que não se consegue pronunciar apesar de as ter "na ponta da língua", que são substituídas por outras com significado semelhante ou pertencentes à mesma área temática (por exemplo, "colher" em vez de "garfo"). Essa dificuldade de trazer à memória uma determinada palavra em um dado momento – sem comprometer a capacidade de compreendê-la ou de repeti-la – é chamada de *disnomia* e pode ser atribuída a inúmeras causas. Entre as mais frequentes, estão o cansaço, a fraqueza, a alimentação e o estresse. Em relação a este último, diversos estudos demonstram que o estresse emocional desempenha um papel importante no que diz respeito a esse fenômeno: alguns estudantes, por exemplo, apesar de uma ótima preparação, têm dificuldade de recuperar palavras ou de utilizar um vocabulário correto, dando assim a impressão de não terem estudado o suficiente. No caso de um transtorno de aprendizagem, essa dificuldade pode persistir, mas, ao identificar estratégias personalizadas, há muita margem para melhoria.

Segundo algumas teorias, a dislexia seria causada pela disnomia. Essas teorias sugerem que o déficit na recuperação de denominações verbais cria uma espécie de déficit de memória de curto prazo, resultando na dificuldade de recordar as denominações verbais na fase da leitura.

Para alunos e alunas com dislexia, também é particularmente complexa a aquisição do léxico, razão pela qual, para aprender um vocábulo, eles precisam de um maior número de exposições seguidas de revisões frequentes. A literatura científica sugere estimular a aprendizagem do vocabulário por meio do emprego de redes semânticas, nas quais as relações existentes entre as palavras são representadas de forma visual.

A ampliação do vocabulário é muito importante, porque melhora a correção e a rapidez na lectoescritura, a fluência verbal e a correção ortográfica. Por isso, deve-se encontrar tempo durante a semana para fazer exercícios de enriquecimento lexical e para treinar alunos e alunas na apresentação oral.

Algumas ideias sobre como intervir

- A dificuldade de recuperar uma certa palavra quando necessário pode ser contornada de diversas maneiras:
  1. descrever a palavra que se quer dizer, de modo que o interlocutor possa inferi-la;
  2. repassar as letras em ordem alfabética pensando na palavra que não vem à cabeça;
  3. buscar e usar sinônimos;
  4. imaginar e visualizar a palavra escrita;
  5. associar uma qualidade ou uma ideia à palavra em que estamos pensando;
  6. utilizar rimas ou associações visuais.
- Na escola, para muitos alunos e alunas com dislexia, pode ser suficiente ter a

possibilidade de consultar um mapa ou um esquema para resolver o problema pela raiz. Se a dificuldade não for muito impactante, uma pequena sugestão ou uma imagem pode realmente fazer a diferença.

Os conselhos do especialista

Existem basicamente dois erros a evitar. O primeiro é não permitir o uso de mapas ou de esquemas com base no preconceito de que a utilização desses suportes é uma facilitação que não permite avaliar adequadamente a aprendizagem ou o estudo. Muitas vezes, esquemas e mapas são assimilados às "colas", e o teste realizado é equiparado a um exercício de cópia.

O segundo erro é desaprovar ou desencorajar toda tentativa do aluno ou da aluna de encontrar um sinônimo ou de descrever a palavra, com base no princípio de que cada disciplina tem seu vocabulário específico e de que nem todas as palavras têm o mesmo peso. Igualmente prejudicial é reduzir a atividade de enriquecimento lexical ou de treinamento à apresentação oral. Substituir a interrogação por questionários por escrito não resolve o problema!

Na aprendizagem de línguas estrangeiras, estudantes com dislexia podem apresentar algumas dificuldades em perceber os sons, associá-los às letras, repetir as palavras e memorizar os vocábulos. O problema de "encontrar as palavras" é muitas vezes amplificado e impactante nas línguas estrangeiras. Alguns estudos constataram a utilidade de:

- concentrar-se na fonologia;
- assistir a filmes/vídeos estrangeiros na língua original;
- ouvir música;
- exercitar-se com "pares mínimos", ou seja, palavras que diferem em apenas um som, para treinar o ouvido a distinguir os sons da língua estrangeira;
- recorrer ao método das palavras-chave, ou seja, encontrar palavras na própria língua que soam como as estrangeiras, o que pode ajudar a memorizar os vocábulos. Aconselha-se a criação de fichas de memorização para a revisão regular das palavras aprendidas.

CAPÍTULO 10 ESQUECE

as coisas

POR QUE FAZ ASSIM?

Porque a dislexia envolve dificuldades tanto com a memória de curto prazo, particularmente com a memória de trabalho, quanto com o acesso lexical.

O QUE FAZER

✓ Encorajar o uso de mapas, esquemas, glossários e formulários.

✓ Propor jogos de memória, ensinar estratégias e mnemotécnicas.

✓ Trabalhar os aspectos motivacionais, visando a favorecer uma aprendizagem significativa.

O QUE NÃO FAZER

✗ NÃO dar comandos longos e distorcidos.

✗ NÃO aumentar a ansiedade por meio de críticas e confrontos contínuos, mediante expectativas altas ou irrealistas demais, impondo uma carga excessiva de trabalho.

O que ter em mente

As crianças com dislexia podem ter dificuldade de memorizar, manter e recuperar as informações. Trata-se de dificuldades como a de memorizar a informação estruturada em sequência, por exemplo, aprender os dias da semana, os meses do ano, as notas musicais, as tabuadas, as letras do alfabeto, as cantigas de roda, as poesias, ou de lembrar as informações por um curto período de tempo (por exemplo, uma tarefa), os léxicos específicos das diversas disciplinas e os vocábulos em geral. Entre as dificuldades mais frequentes, muitas tendem a decorrer de um problema de memória de curto prazo, em particular da memória de trabalho, e de problemas de acesso lexical. A memória de curto prazo retém a informação por um tempo muito curto, mas o suficiente para permitir o processamento e a transferência para a memória de longo prazo. A memória de trabalho desempenha um papel fundamental nos processos cognitivos. A memória é uma função que pode ser melhorada por meio do comprometimento pessoal e das convicções que o indivíduo desenvolve sobre suas próprias capacidades de aprendizagem. Isso significa que uma visão positiva das próprias potencialidades, aliada ao comprometimento e à adoção de estratégias específicas, pode produzir resultados positivos.

Algumas ideias sobre como intervir

- Para intervir nas dificuldades de memorização pode ser útil começar com jogos de memória e progressivamente sugerir mnemotécnicas e estratégias visuais. As mnemotécnicas, se bem ensinadas, levam à aquisição de uma maior confiança e propensão para refletir sobre a memória.
- Existem várias delas, todas baseadas na associação de informações com palavras ou imagens-chave. Para tornar as

associações mais eficazes, aconselha-se ter em mente os seguintes princípios:

- *nitidez*: cada imagem deve ser visualizada com extrema clareza;
- *exagero*: para poderem ficar impressas na memória com mais eficácia, as associações feitas devem ser o máximo possível absurdas e bizarras;
- *movimento*: um conjunto de imagens relativas a uma ação dinâmica é certamente mais envolvente do que uma cena estática e imóvel;
- *conotação emocional*: a associação das imagens fica mais impressa se for reforçada com alguns elementos capazes de despertar emoções.

A seguir, apresentamos sinteticamente as principais mnemotécnicas básicas.

- *Acrósticos*. Essa técnica envolve a composição de uma frase ou de uma palavra usando as letras ou as sílabas iniciais de uma lista de termos que se quer memorizar. A disposição das letras iniciais contém a ordem das informações. Por exemplo, para lembrar os nomes dos planetas, foi criada a célebre frase: "Minha Vó, Traga Meu Jantar: Sopa, Uva e Nozes", usando as letras iniciais dos nomes de cada integrante do Sistema Solar, de Mercúrio a Netuno.
- *Associações visuais*. Trata-se de transformar as informações a serem lembradas em imagens a se usar para processar mentalmente uma pequena cena. Por exemplo, a pronúncia e o significado do verbo inglês "*to run*" podem ser transformados na imagem de uma rã correndo.
- *Histórias*. Útil para memorizar sequências de termos, essa técnica prevê a criação de uma breve história

que os contenha. Nessa história, a ordem de aparição dos diversos nomes a serem memorizados deve respeitar a da lista dada.

- Loci ou palácio da memória. Essa técnica prevê a associação das informações a serem lembradas a locais específicos, que sejam bem conhecidos e expansíveis em vários níveis, como a própria casa. O primeiro nível é representado por salas específicas, enquanto o segundo é representado por locais específicos dentro de cada sala. Se, por exemplo, no primeiro nível pegarmos a cozinha, no segundo poderíamos usar o fogão ou a geladeira. Mas esses níveis podem ser ainda decompostos: o fogão pode ter quatro bocas; a geladeira, cinco prateleiras. As salas e os locais escolhidos em seu interior devem ter sempre uma ordem específica, para evitar a possibilidade de confusão. A sequência dos lugares deve permanecer sempre a mesma em todas as listas a serem memorizadas. Uma vez definidos os locais, basta associá-los às informações a serem lembradas, codificadas em imagens. Quanto mais forte for a associação, melhor será a memorização.

• Para favorecer a memorização das palavras, estimulem a aprendizagem do vocabulário por meio do emprego de redes semânticas e representem visualmente as relações existentes entre as palavras.

• Proponham atividades nas quais ocorram: a utilização de associações visuais; a imaginação e a visualização da palavra escrita em uma folha de papel; a busca e a utilização de sinônimos; o uso de mapas, esquemas, glossários e formulários. Nesses casos, é bom ter uma atitude paciente e prever tempos maiores para a realização da atividade, para que não haja um aumento da ansiedade na criança.

- A exposição dos alfabetos de parede não cria problemas particulares, uma vez que não existem razões cognitivas ou linguísticas válidas para adiar a ordem alfabética para o 3º ano.

- Uma das dificuldades características do TEA é a de memorizar informações em sequência, como a ordem alfabética, justamente. Familiarizar-se com ela desde o 1º ano pode facilitar ainda mais sua memorização posterior.

Os conselhos do especialista

A memória é uma função que pode ser melhorada mediante o esforço pessoal e as convicções sobre a própria capacidade de aprender. Por isso, é preciso evitar desmotivar as crianças, aumentando sua ansiedade ou sobrecarregando-as.

Se decidirmos potencializar a memória, é importante dedicar um tempo adequado para isso, considerando esse exercício no mesmo nível das tarefas para casa. Isso implica a redução das tarefas "normais" e a atribuição de exercícios voltados ao treinamento da memória, que não devem ser entendidos como tarefas extras, mas sim como uma alternativa que posteriormente terá um impacto positivo nas diversas disciplinas.

Não se deve impedir a utilização de mapas, esquemas ou formulários: trata-se de suportes que ajudam na recordação de conteúdos. Quando os mapas ou os diagramas são elaborados pelo próprio aluno, facilitam o armazenamento das informações.

É preciso evitar, como já repetimos várias vezes, dar comandos longos e/ou complexos demais.

CAPÍTULO 11 NÃO SABE
administrar o tempo

POR QUE FAZ ASSIM?

Porque, na base da dislexia, há disfunções cognitivas. Algumas dificuldades estão diretamente ligadas à memória (sequência dos dias da semana, dos meses e das estações).

O QUE FAZER

✓ Do ponto de vista didático, é essencial tornar concreta a passagem do tempo – de outra forma, tão fugidia à percepção e tão ligada a aspectos subjetivos –, propondo atividades de medição com instrumentos que permitam evidenciar o mais objetivamente possível a duração considerada.

O QUE NÃO FAZER

✗ NÃO negligenciar o trabalho de programação/organização do tempo, considerando que isso atrasaria o desenvolvimento do programa.

✗ NÃO deixar de ensinar a usar o diário ou a agenda escolar, crendo que as crianças aprenderiam a fazer isso de modo espontâneo ou automático.

O que ter em mente

A dislexia tem como característica principal uma dificuldade de acesso ao texto escrito, mas, segundo diversos estudiosos, isso nada mais é do que a manifestação mais visível de um transtorno que, na realidade, aparece muito antes do ingresso na escola e que afeta a relação da criança com o mundo e sua orientação espaçotemporal. Parece que o modo de perceber e de agir no mundo que rodeia a criança é caracterizado por ambiguidade e incerteza. Essa incerteza básica provoca a incapacidade de compreender e administrar o espaço e o tempo, pois a criança não tem pontos firmes.

As crianças com dislexia têm dificuldade de se orientar no tempo cotidiano e de saber com precisão qual momento do dia estão vivendo. Elas têm grande dificuldade de aprender a ler as horas no relógio analógico, não têm uma boa percepção da passagem do tempo e, consequentemente, podem ter dificuldade de se organizar, de se orientar dentro de uma rotina diária e de ser pontuais. O uso funcional do relógio e a capacidade de ler as horas certamente são habilidades cognitivas e de autonomia fundamentais, assim como conseguir organizar autonomamente o tempo disponível, gerindo eficazmente as próprias atividades cotidianas. O aluno com dislexia manifesta frequentemente essa dificuldade de gerir o tempo, mas, para ele, o tempo é justamente um dos recursos mais importantes e determinantes para a aprendizagem. Administrá-lo de forma eficaz – organizando adequadamente as próprias atividades e oferecendo o nível certo de atenção à tarefa – torna-se um dos elementos fundamentais do "aprender a aprender".

Algumas ideias sobre como intervir

- É fundamental realizar um trabalho que vise a desenvolver uma maior competência em saber se orientar nas rotinas diárias, no tempo cotidiano e próximo (ontem, hoje e amanhã) justamente porque essa área tem implicações muito importantes na vida do aluno e da aluna.
- Do ponto de vista didático, é essencial <u>tornar concreta a passagem do tempo</u> – em si tão fugidia à percepção e tão ligada a aspectos subjetivos – propondo atividades de medição com instrumentos que permitam evidenciar a duração considerada.
- Para aprender a ler as horas é preciso que as crianças saibam contar até 60 e de 5 em 5, reconhecer e ler os números, e entender o funcionamento de um relógio. Depois de lhes mostrarem quais são os ponteiros do relógio e sua função, expliquem que 1 hora é composta por 60 minutos e que cada número grande do relógio corresponde a 5 minutos. A aprendizagem será mais eficaz se for usado um relógio construído especialmente para isso.
- Outro aspecto a se prestar atenção é o uso do <u>diário ou da agenda</u>, que representa um desafio para muitas crianças. No contexto do ensino compensatório, é importante considerar o tempo necessário para um preenchimento adequado da agenda e verificar regularmente a precisão das transcrições. Antecipar essas operações para todos os alunos e as alunas é o caminho a se seguir para prestar uma ajuda concreta. No entanto, con-

siderando as exigências escolares, seria penalizador reduzir as aulas a fim de dedicar muito tempo à transcrição das tarefas de casa na agenda. É mais eficaz trabalhar com agendas simplificadas ou digitais e, em casos particulares, considerar a opção dos registros em áudio mediante a utilização de um gravador.

- Para treinar as crianças a "controlar o tempo" é importante incentivá-las a estimá-lo e a quantificá-lo, para que possam fazer previsões.

Os conselhos do especialista

→ É preciso evitar o erro de subestimar a importância do trabalho sobre o tempo, apoiando-se em justificativas fáceis como "mais cedo ou mais tarde eles vão aprender a se organizar" ou "há outras prioridades". Para a conquista da autonomia e o desenvolvimento de um método de estudo, a capacidade de organizar o tempo é crucial.

É preciso ensinar a usar corretamente o diário ou a agenda, pois é uma capacidade preparatória para o desenvolvimento da competência organizacional.

Evitem atribuir as tarefas ditando-as no fim da aula, pois seriam escritas às pressas, e o tempo não seria suficiente para os alunos e as alunas com dislexia.

A gestão do tempo é uma das áreas mais importantes nas quais intervir para compensar eficazmente a dislexia e o TEA. A variável tempo afeta não só o aluno, mas também o professor e a professora. Professores e professoras muitas vezes se veem avaliando a escolha entre conceder prazos de entrega estendidos (os famosos 30% a mais) ou reduzir a quantidade de questões ou de exercícios. No primeiro caso, dar tempo extra em caso de cansaço ou de alta distração pode piorar a situação. No segundo caso, corre-se o risco de não permitir que o aluno ou a aluna demonstre seu preparo, e um número limitado de questões – se pensarmos nas matérias de estudo – também reduz as possibilidades de responder corretamente. É preciso avaliar atentamente qual opção deve ser adotada, considerando as exigências específicas do estudante, seu nível de cansaço e o efeito que as diversas escolhas poderão ter sobre sua avaliação (e sobre a aprendizagem em geral). Envolver as crianças das últimas aulas em atividades de reflexão metacognitiva pode ser uma ótima solução para encontrar estratégias para a gestão do tempo.

CAPÍTULO 12 É desorganizado

POR QUE FAZ ASSIM?

Porque a dislexia envolve disfunções cognitivas.

Porque há problemas em nível motivacional ou experiências insuficientes em nível de planejamento e de organização do espaço, do tempo ou simplesmente de uma atividade. A associação frequente com transtornos ligados à atenção amplifica essas dificuldades.

O QUE FAZER

✓ Usar o bom-senso, não assumir nada como óbvio e usar todas as artimanhas que a inventividade ou simplesmente a necessidade possam sugerir.

✓ Desde os primeiros dias de escola, trabalhar concretamente a ordem e a organização.

O QUE NÃO FAZER

✗ NÃO delegar exclusivamente à família a tarefa de trabalhar a organização.

✗ NÃO culpar a criança por não saber se "organizar" ou não ser autônoma, sem ter trabalhado esses aspectos.

O que ter em mente

As crianças com dislexia podem se esquecer de onde colocaram as coisas, ter dificuldade de se preparar com antecedência para as aulas e de organizar os horários, e, portanto, de cumprir os prazos estabelecidos.

As áreas da gestão do tempo e da organização estão intimamente interligadas. Alguns estudos constataram que, nas famílias em que há uma criança com dislexia, as rotinas cotidianas são mal-organizadas: os horários são muito flexíveis, os momentos significativos do dia não são marcados por ações bem específicas, e todos os dias são vividos da mesma forma, sem distinção entre os dias de trabalho e os fins de semana ou feriados.

Esse aspecto está relacionado a uma falta de planejamento – entendida como a dificuldade de viver experiências previamente idealizadas e planejadas – e a uma gestão muitas vezes confusa e desordenada do ambiente, razão pela qual não existem espaços destinados ao estudo e à realização das tarefas e espaços dedicados às brincadeiras, mas toda atividade é realizada aleatoriamente em lugares diferentes da casa, sem fazer distinções particulares.

Essa desorganização, em muitos casos, se reflete na mochila da criança com dislexia, na qual os objetos são postos de forma descuidada, por exemplo, o estojo aberto, com canetas, borracha e lápis espalhados por toda a parte. Para não acentuar as dificuldades da criança é importante criar um ambiente mais estável que lhe dê pontos de referência para se agarrar em casos de incerteza, ansiedade ou frustração.

Algumas ideias sobre como intervir

- Uma das primeiras coisas a se fazer para trabalhar essa área é estabelecer (rotinas, isto é, sequências sempre iguais de atividades ou de ações que se repetem ao longo do tempo, que permitam desenvolver as habilidades de organização. Tornar mais eficiente o planejamento dos horários ajuda a criança a lembrá-lo, e para isso pode-se recorrer a códigos cromáticos e colocar o horário em um ponto bem visível da sala de aula.

- A ordem e a organização do ambiente – tanto em casa quanto na escola – são igualmente importantes, pois "educam" indiretamente a criança. Pode-se trabalhar esse aspecto começando pela própria carteira, pelo estojo ou pela mochila, ajudando a criança a tomar consciência da importância de organizar os próprios materiais. Às vezes, as pessoas disléxicas desenvolvem métodos muito complexos para alcançar esse objetivo e, mesmo que possam parecer incompreensíveis, se funcionam, é importante que possam usá-los, pois, se empregados de forma eficaz, garantem o alcance do objetivo prefixado.

- Principalmente nas primeiras fases é importante verificar o caderno e a agenda da criança todas as vezes em que isso seja possível, oferecendo *feedbacks* e ideias para organizar e gerenciar melhor esses instrumentos.

- Uma estratégia particularmente útil é favorecer o hábito de levar em consideração com antecedência tudo o que é necessário para realizar uma atividade, fazendo uma lista com os horários do dia adequados para sua realização.

Os conselhos do especialista

A tarefa de trabalhar a organização e a ordem não pode ser delegada exclusivamente à família. Trata-se de âmbitos muito importantes na vida cotidiana, e, em ambos os contextos, familiar e escolar, é possível abrir espaços de intervenção. O ideal seria encontrar pontos em comum e coordenar as intervenções. A organização das tarefas pode ser o primeiro aspecto a partir do qual é possível começar.

É preciso evitar trabalhar em uma sala de aula bagunçada e "improvisar" as aulas, assim como estabelecer um número excessivo de tarefas. A criança não deve ser culpabilizada porque não sabe se "organizar" ou não é autônoma, mas é preciso trabalhar para melhorar esses aspectos, considerando que são deficitários nela.

APROFUNDAMENTO:
a memória e a carga cognitiva

A memória é um processo construtivo e reconstrutivo, pois apenas alguns pedaços das recordações são conservados, e é justamente a partir desses pedaços que começamos, então, a reconstruir toda a informação. Há diversos fatores que determinam o declínio da memória: o tempo, pois quanto maior o intervalo entre a aprendizagem e a recordação, menos lembramos; a precisão, ou seja, o modo de codificar a informação aprendida; a distração, ou seja, o foco da atenção em outros elementos além do material a ser aprendido; problemas de atenção.

Conhecendo esses aspectos, podemos compreender melhor as dificuldades dos nossos alunos e alunas e montar um percurso didático mais adequado.

Quantos tipos de memória existem?

Geralmente, faz-se uma distinção entre memória de curto prazo e memória de longo prazo.

A *memória de curto prazo* opera em um período de segundos, mantendo a informação em um estado de acessibilidade para possibilitar sua transferência para a memória de longo prazo. Ela tem limites de capacidade (*span* de memória), que variam de cinco a nove elementos, e é composta por:

- *memória de trabalho*, que contém informações guardadas na mente para um objetivo e tem um papel fundamental na aprendizagem;
- *memória icônica*, que intervém quando um estímulo visual, apesar de ter terminado, continua persistindo por alguns instantes;
- *memória auditiva ou ecoica*, que intervém quando um estímulo auditivo, apesar de ter terminado, persiste por alguns instantes.

A memória de longo prazo opera em períodos que variam de minutos a anos e é caracterizada por três subtipos funcionais:

- *memória semântica*, ligada à compreensão da linguagem, aos significados das palavras e dos conceitos;
- *memória episódica*, relativa aos acontecimentos;
- *memória processual*, relativa às ações e procedimentos para executar comportamentos complexos.

A carga cognitiva

A *carga cognitiva* é o peso que a informação depõe sobre a memória de trabalho. Levanta-se a hipótese de que muitas das dificuldades de aprendizagem decorrem da capacidade limitada dessa memória e das situações de sobrecarga a que ela é facilmente submetida. No âmbito didático, se a carga cognitiva for elevada demais, um estudante pode não ter mais recursos disponíveis para a aprendizagem. Isso pode ocorrer porque os conteúdos a serem estudados são complexos demais para ele ou porque

sua memória de trabalho está empenhada em processar informações irrelevantes ou estranhas.

A teoria sobre a carga cognitiva fornece informações valiosas para o planejamento de intervenções didáticas e a elaboração dos respectivos materiais, evitando que os estudantes esgotem seus próprios recursos devido a uma carga cognitiva excessiva ou que percam o interesse e se distraiam devido a uma carga cognitiva baixa demais. A carga cognitiva pode ser:

- *estranha*, ligada a um modo inadequado de apresentar a informação e associada a processos que não são necessários à aprendizagem. Por esse motivo, deve ser reduzida ao máximo;

- *intrínseca*, dependente da complexidade natural da informação que deve ser aprendida e do nível de *expertise* do estudante. Esse tipo de carga cognitiva também deve ser reduzido o máximo possível;

- *pertinente*, necessária à mente para aprender efetivamente. Essa tipologia deve ser otimizada.

CAPÍTULO 13 DIZ QUE A
escola é uma chatice

> ### POR QUE FAZ ASSIM?
>
> Porque tem um modo diferente de aprender, caracterizado, em alguns aprendizados, por uma grande lentidão.
>
> Porque essa condição, ligada ao contato precoce com as dificuldades de adquirir as instrumentalidades básicas, repercute negativamente em nível motivacional.

O QUE FAZER

✓ Tomar consciência de que a criança com dislexia tem um estilo diferente de aprendizagem.

✓ Confiar na capacidade de modificação da mente.

✓ Introduzir algumas táticas na didática que permitam que a criança aprenda e desenvolva suas próprias potencialidades.

O QUE NÃO FAZER

✗ NÃO culpar mães, pais ou responsáveis.

✗ NÃO partir do pressuposto de que a dislexia é uma doença que pode ser curada: pelo contrário, é uma característica da pessoa.

O que ter em mente

A dislexia é um transtorno "invisível", que se manifesta somente quando a criança é solicitada a se empenhar em uma atividade de leitura ou de escrita – atividades erroneamente consideradas simples e automáticas. Isso gera repercussões na autoestima, na formação da personalidade em geral e na aquisição de outras habilidades cognitivas fundamentais.

Considerando-se que a maioria das crianças, depois de três meses de escola, é capaz de escrever algumas frases com a ajuda de um adulto, não é de se estranhar que o aluno ou a aluna com dislexia, quando não alcança os mesmos resultados, desenvolva atitudes de rejeição em relação ao estudo.

Algumas ideias sobre como intervir

- O aspecto motivacional é crucial para uma boa aprendizagem. É preciso conseguir conquistar a confiança do aluno desde o início, estabelecer uma relação com ele e criar um bom clima em sala de aula, em que as diferenças e a singularidade da pessoa sejam valorizadas. Para esse objetivo, é necessário reconhecer e acolher realmente a diversidade, criando momentos de diálogo e de debate em sala de aula. Quanto mais difícil for para professores e professoras compreender suas dificuldades objetivas e ter empatia, mais difícil será para o aluno ou a aluna aceitar suas próprias dificuldades.
- É importante lembrar que alunos e alunas com dislexia não precisam de "presentes", mas sim de orientação na busca de estratégias e de soluções adequadas a seu perfil de funcionamento. Para encontrar as estratégias é

preciso criar, com a ajuda dos colegas, um espaço para observar tanto a turma quanto a criança em dificuldade, colaborando, assim, de maneira concreta e realista, para garantir respostas coerentes ao problema. A observação direta permite reunir muitas informações, mas normalmente não pode ser sistemática nem precisa. O uso de *checklists* específicos é uma ajuda precisa e pontual.

Os conselhos do especialista

Um passo fundamental para professores e professoras é se distanciarem da convicção de que comportamento e aprendizagem dependem exclusivamente da boa vontade do aluno ou da aluna.

Se algo não dá certo no processo de aprendizagem de alguns alunos, é preciso tentar alcançar o mesmo objetivo explorando modalidades de ensino diferentes.

A comunicação com a família deve ser frequente, constante e honesta, pois escola e família têm um objetivo comum a alcançar. Quanto mais ativa for a comunicação, mais coordenadas e atentas serão as intervenções do ponto de vista motivacional. Muitas vezes, assistimos a uma deslegitimação de uma das duas partes devido a incompreensões ou a problemas de comunicação. Por exemplo, se a escola culpa mães, pais ou responsáveis, não pode haver a premissa para uma boa colaboração, ainda mais porque a dislexia não depende dos métodos educativos dos responsáveis. Se, por outro lado, são os responsáveis que culpam a escola, toda intervenção dos professores é menosprezada aos olhos da criança.

Professores e professoras devem acreditar na capacidade de modificação da mente. Caso contrário, correm o risco de transmitir inconscientemente essa ideia à criança, com a consequência de que ela acabará não acreditando em si mesma e na possibilidade de progredir.

CAPÍTULO 14 DESISTE
logo no início

POR QUE FAZ ASSIM?

Porque os frequentes insucessos escolares podem diminuir os níveis de autoestima e o senso de eficácia, levando à impotência aprendida, uma atitude derrotista, pouco propensa a modificar o rumo dos eventos.

O QUE FAZER

✓ Encorajar a criança e elogiá-la.

✓ Encontrar algo em que ela se sai bem.

O QUE NÃO FAZER

✗ NÃO considerar os instrumentos compensatórios e as medidas dispensatórias como meras "facilitações".

✗ NÃO acentuar as dificuldades da criança com atividades inadequadas ou com comentários inoportunos.

O que ter em mente

Devido às suas dificuldades específicas que impedem a aprendizagem e levando em consideração que a maior parte das aquisições escolares ocorre por meio da lectoescritura, o aluno ou a aluna com dislexia tem grandes possibilidades de ir ao encontro de insucessos. Além disso, essas dificuldades podem impedi-los de serem autônomos nas atividades escolares e cotidianas, levando-os a se perceberem como incapazes e incompetentes em comparação com seus pares.

Os frequentes insucessos podem se tornar responsáveis por uma diminuição do nível de autoestima (julgamento sobre o próprio valor) e do senso de eficácia (julgamento sobre as capacidades pessoais).

Tais insucessos podem levar à impotência aprendida, a uma atitude derrotista, pouco propensa a modificar o rumo dos eventos e caracterizada pela forte tendência a atribuir os próprios fracassos a causas internas, estáveis e não controláveis (geralmente a falta de capacidade). Essa convicção leva a duvidar da utilidade de se esforçar, a não procurar a melhor forma de enfrentar as tarefas, a desistir diante das primeiras dificuldades ou a evitar situações de aprendizagem.

Algumas ideias sobre como intervir

- A criança com dislexia manifesta dificuldades que provavelmente permanecerão, pelo menos em parte, mesmo após tratamentos e potencializações específicas. Portanto, é importante tentar apoiar o aspecto motivacional, fazendo com que ela não viva seu transtorno como um fardo.

- Encorajar e valorizar a criança é uma condição necessária, mas não suficiente. Se ela não acreditar na possibilidade e na necessidade de mudança, nenhuma técnica ou estratégia produzirá resultados significativos. O primeiro passo a dar é ajudá-la a compreender que, independentemente de sua condição, é possível mudar e melhorar. Para trabalhar esse aspecto, pode ser útil criar oportunidades específicas ou começar algumas aulas com histórias motivacionais, viagens pelos livros ou pelos filmes.

- Outra estratégia eficaz é a de mudar em pequenos passos, a serem dados dia após dia, com continuidade. Por exemplo, pode-se começar lendo uma palavra por dia, depois passar para duas na semana seguinte e, semana após semana, chegar às frases e aos pequenos textos. Para obter o máximo resultado, sugere-se começar identificando e trabalhando os aspectos em que a criança com dislexia se sai bem.

Os conselhos do especialista

Existem crenças, estereótipos e preconceitos que podem ter repercussões importantes na aprendizagem de alunos e alunas. Conhecendo-os, analisando-os e defrontando-se com eles, professores e professoras podem estabelecer relações significativas com seus próprios alunos e alunas, evitan-

do que essas superestruturas tenham repercussões negativas na autopercepção e na motivação dos alunos. A literatura sobre o Efeito Pigmalião oferece inúmeras contribuições que ilustram como as pessoas constroem a representação de si mesmas e da própria identidade com base na imagem refletida nos outros.

Mesmo as concepções ligadas aos instrumentos compensatórios e às medidas dispensatórias – quando são considerados "facilitações" – podem se tornar uma verdadeira barreira. Preconceitos desse tipo podem fazer com que a criança com TEA se sinta desconfortável em sala de aula e com os colegas, a ponto de se recusar a utilizá-los. Essa escolha, geralmente ditada pelo desejo de não se sentir diferente, pode comprometer o rendimento escolar e, consequentemente, a autoestima, desencadeando um círculo vicioso.

Há muito tempo, as pesquisas confirmam a estreita relação entre a aprendizagem e as emoções. Se o aluno ou a aluna vivenciar emoções positivas na escola, ficará motivado a aprender a recriar e redescobrir esse bem-estar. Caso contrário, se sentir emoções negativas, como ansiedade, vergonha ou medo, evitará se esforçar na aprendizagem de algo novo para evitar senti-las novamente.

BIBLIOGRAFIA SELECIONADA

Para começar

Biancardi, A., & Milano, G. (1999). *Quando un bambino non sa leggere: Vincere la dislessia e i disturbi dell'apprendimento*. Rizzoli.

Cornoldi, C., & Zaccaria, S. (2011). *In classe ho un bambino che… L'insegnante di fronte ai disturbi specifici dell'apprendimento*. Giunti.

Davis, R. D. (1998). *Il dono della dislessia: Perché alcune persone molto intelligenti non possono leggere e come possono imparare*. Armando.

Grenci, R. (2015). *Le aquile sono nate per volare: Il genio creativo nei bambini dislessici*. Erickson.

Lo Presti, G. (2016). *Nostro figlio è dislessico: Manuale di autoaiuto per i genitori di bambini con DSA*. Erickson.

Reid, G. (2006). *È dislessia! Domande e risposte utili*. Erickson.

Stella, G. (2004). *La dislessia. Quando un bambino non riesce a leggere: cosa fare, come aiutarlo*. Il Mulino.

Para aprofundar

Bizzaro, M., & Caligaris, L. (2017). *I processi cognitivi nell'apprendimento: Modelli e applicazioni nella clinica e nella didattica*. Erickson.

Cornoldi, C. (1999). *Le difficoltà di apprendimento a scuola. Far fatica a leggere, commettere errori nello scrivere, non capire la matematica: cosa fare*. Il Mulino.

Fogarolo, F., & Scapin, C. (2010). *Competenze compensative: Tecnologie e strategie per l'autonomia scolastica degli alunni con dislessia e altri DSA*. Erickson.

Orsolini, M. (org.) (2011). *Quando imparare è più difficile: Dalla valutazione all'intervento*. Carocci.

Trisciuzzi, L., & Zappaterra, T. (2005). *La dislessia: Una didattica speciale per le difficoltà di lettura*. Guerini e associati.

Vio, C., & Toso, C. (2012). *Dislessia evolutiva: Dall'identificazione del disturbo all'intervento*. Carocci.

Vio, C., Tressoldi, P. E., & Lo Presti, G. (2022). *Diagnosi dei disturbi specifici dell'apprendimento scolastico*. Erickson.

VV.AA. (2013). *Dislessia e altri DSA a scuola: Strategie efficaci per gli insegnanti*. Erickson.

Compreender com o coração

Barbera, F. (2013). *Un'insolita compagna: La dislessia*. Cleup.

Grenci, R., & Zanoni, D. (2015). *Storie di straordinaria dislessia: 15 dislessici famosi raccontati ai ragazzi*. Erickson.

Paris, A., & Conti, D. (2016). *Pensami al contrario: Storie e testimonianze di DSA*. Ilmiolibro self-publishing.

Pirro, U. (1984). *Mio figlio non sa leggere*. Rizzoli.

Didática

Bortolotti, E., & Zanon, F. (2006). *Quando leggere diventa difficile: Il ruolo della didattica*. Carocci Faber.

Calvani, A., & Ventriglia, L. (2017). *Insegnare a leggere ai bambini: Gli errori da evitare*. Carocci.

Daloiso, M., & Gruppo di Ricerca Elicom (2023). *Le difficoltà di apprendimento delle lingue a scuola: Strumenti per un'educazione linguistica efficace e inclusiva*. Erickson.

De Grandis, C. (2007). *La dislessia: Interventi della scuola e della famiglia*. Erickson.

Stella, G., & Grandi, L. (2016). *Come leggere la dislessia e i DSA: Conoscere per intervenire*. Giunti.

Memória e estratégias

Barbera, F. (2020). *Ti insegno come io ho imparato: Suggerimenti e strategie didattiche da un maestro con DSA per studenti con DSA.* Erickson.

Buzan, T. (2015). *Usiamo la memoria per ricordare quasi tutto.* Sperling & Kupfer.

Caponi, B., & Cornoldi, C. (1991). *Memoria e metacognizione.* Erickson.

Cornoldi, C., De Beni, R., & Gruppo MT (2001). *Imparare a studiare 2.* Erickson.

De Beni, R., & Zamperlin, C. (1993). *Guida allo studio del testo di storia.* Erickson.

De Donno, M., Navone, G., & Lorenzoni, L. (2014). *Inglese in 21 giorni.* Sperling & Kupfer.

Fogarolo, F., & Guastavigna, M. (2013). *Insegnare e imparare con le mappe: Strategie logico-visive per l'organizzazione delle conoscenze.* Erickson.

Salvo, M. (2006). *Il segreto di una memoria prodigiosa.* Gribaudo.

Salvo, M. (2007). *Impara l'inglese in un mese.* Gribaudo.

Recursos operacionais

Bertelli, B., Cremonesi, P., Castagna, M. G., & Belli, P. R. (2013). *Imparare a leggere e scrivere con il metodo sillabico.* Erickson.

Brignola, M., Perrotta, E., & Tigoli, M. C. (2012). *Occhio alle parole: Potenziare le strategie di lettura visiva e la comprensione lessicale (8-13 anni).* Erickson.

Cazzaniga, S., Tressoldi, P. E., Poli, S., Cornoldi, C., & Re, A. M. (2005). *Dislessia e trattamento sublessicale: Attività di recupero su analisi sillabica, gruppi consonantici e composizione di parole.* Erickson.

Gaggioli, C. (2015). *Comprensione e produzione del testo per alunni com DSA: Schede e attività didattiche per facilitare il passaggio dalla scuola primaria alla scuola secondaria.* Erickson.

COLEÇÃO

LIVRARIAVOZES.COM.BR/COLECOES/
O-QUE-FAZER-E-O-QUE-EVITAR

e veja a coleção completa

Conecte-se conosco:

 facebook.com/editoravozes

 @editoravozes

 @editora_vozes

 youtube.com/editoravozes

+55 24 2233-9033

www.vozes.com.br

Conheça nossas lojas:

www.livrariavozes.com.br

Belo Horizonte – Brasília – Campinas – Cuiabá – Curitiba
Fortaleza – Juiz de Fora – Petrópolis – Recife – São Paulo

  Vozes de Bolso

EDITORA VOZES LTDA.
Rua Frei Luís, 100 – Centro – Cep 25689-900 – Petrópolis, RJ
Tel.: (24) 2233-9000 – E-mail: vendas@vozes.com.br